JONATHAN HERRING

CÓMO DISCUTIR

de forma poderosa, persuasiva y positiva

SÉ LECTOR®
Doctor Erazo 120, Col. Doctores, C.P. 06720, México, D.F.
Tel. (01 55) 51 34 05 70 • Fax (01 55) 51 34 05 91
Lada sin costo: 01 800 821 72 80

Título: CÓMO DISCUTIR. DE FORMA PODEROSA, PERSUASIVA Y POSITIVA
Autor: Jonathan Herring
Traductora: Martha Baranda Torres
Colección: Superación personal

Diseño de portada: Socorro Ramírez Gutiérrez

© Jonathan Herring, 2011. Esta traducción de *How to Argue. Powerfully, persuasively, positively*. Primera edición, se publica bajo acuerdo con Pearson Education Limited. Todos los derechos reservados.

Título original: *How to Argue. Powerfully, persuasively, positively.*

D.R. © Selector, S.A. de C.V., 2014
   Doctor Erazo 120, Col. Doctores,
   Del. Cuauhtémoc,
   C.P. 06720, México, D.F.

ISBN: 978-607-453-226-5

Primera edición: octubre 2014

Sistema de clasificación Melvil Dewey
131
H59
2014 Herring, Jonathan
Cómo discutir. De forma poderosa, persuasiva y positiva / Jonathan Herring.–
Ciudad de México, México: Selector, 2014.
240 pp.
ISBN: 978-607-453-226-5
1. Psicología popular. 2. Éxito. 3. Conocimiento de sí mismo.

Esta edición se imprimió en octubre de 2014, en Acabados Editoriales Tauro, S.A. de C.V., Margarita núm. 84, Col. Los Ángeles, Del. Iztapalapa, C.P. 09360, México, D.F.

Consulta nuestro aviso de privacidad en www.selector.com.mx

Características tipográficas aseguradas conforme a la ley.
Prohibida la reproducción parcial o total de la obra
sin autorización de los editores.
Impreso y encuadernado en México.
Printed and bound in Mexico.

Índice

Introducción 7

Parte 1: Las diez Reglas de Oro de la discusión

1 **Regla de Oro 1: Prepárate** 15
2 **Regla de Oro 2: Cuándo discutir, cuándo alejarte** 27
3 **Regla de Oro 3: Lo que dices y cómo lo dices** 37
4 **Regla de Oro 4: Escucha y vuelve a escuchar** 55
5 **Regla de Oro 5: Domina el arte de responder a argumentos** 67
6 **Regla de Oro 6: Ten cuidado con los trucos astutos** 79
7 **Regla de Oro 7: Desarrolla habilidades para discutir en público** 105
8 **Regla de Oro 8: Sé capaz de discutir por escrito** 111
9 **Regla de Oro 9: Sé grandioso para resolver puntos muertos** 119
10 **Regla de Oro 10: Conserva las relaciones** 129

Parte 2: Situaciones en las que suelen surgir las discusiones

11 Cómo discutir con las personas que amas   141

12 Cómo discutir con tus hijos   151

13 Discusiones en el trabajo   167

14 Cómo quejarte   177

15 Cómo obtener lo que deseas de un experto   189

16 Discutir cuando sabes que estás equivocado   201

17 Discutir una y otra vez   211

18 Tapetes   223

19 Cómo ser un buen ganador   233

20 Para recapitular   239

Introducción

¿Odias las discusiones y las evitas a toda costa? ¿O descubres que siempre pierdes cuando discutes? ¿Quizás, incluso cuando ganas, de alguna manera sientes que ha sido contraproducente?

Si es así, este es el libro ideal para ti. Te enseñará cómo discutir bien. Descubrirás cómo expresar tus puntos de vista de manera clara y efectiva. También te ayudará a desarrollar técnicas para responder a los argumentos de otras personas con la misma efectividad.

A algunas personas (los abogados y los niños pequeños en particular) les encantan las discusiones. Sin embargo, la mayoría prefiere huir de ellas. En ocasiones eso es bueno, pero a menudo no lo es. Evitar una discusión puede causar que el problema simplemente continúe y "permanezca bajo la alfombra". El resentimiento reprimido puede envenenar una relación o llenar de tensión un lugar de trabajo.

En este libro analizaremos maneras más positivas de comprender las discusiones. Discutir no necesariamente significa gritar o imponer tu voluntad a otro individuo. Una buena discusión no debe involucrar gritos, riñas o puñetazos, a pesar de que así resulte con frecuencia. Es raro que las competencias de gritos beneficien a alguien. En lugar de ello, debemos considerar la capacidad para discutir como un arte y también como una habilidad.

La capacidad para discutir con calma, de forma racional y bien es un verdadero activo en el trabajo y en la vida. Puede agudizar tu pensamiento, someter a prueba tus teorías y ayudarte a obtener lo que deseas. De cualquier modo, es imposible evitar las discusiones. Entonces, necesitas aprender cómo discutir bien. Las discusiones pueden ser positivas. Una buena discusión entre amigos puede ser divertida y vivificante. Una discusión puede hacer evidentes los problemas, de manera que sea posible resolverlos y evitar que existan rencores ocultos. En ocasiones, una discusión es necesaria para asegurarnos de obtener aquello a lo que tenemos derecho: si nunca discutes a favor de un aumento de sueldo, ¡quizá nunca recibas uno!

Las discusiones deben orientarse a comprender mejor a otras personas, compartir ideas y encontrar estrategias que beneficien a todos los involucrados. A veces, discutir tiene mala fama pero esto se debe a que, con frecuencia, la gente lo hace mal. ¡Esto debe terminar!

"El propósito de una argumentación o discusión no debe ser la victoria, sino el progreso." **Karl Popper**

Una discusión debe guiar a una mejor comprensión del punto de vista propio y del de la otra persona. Muchos van por la vida sin comprender cómo otros individuos pueden ser socialistas, creer en Dios, apoyar la cacería de zorros o disfrutar las películas francesas. Esto ocurre porque no han discutido esos asuntos con aquellos con quienes no están de acuerdo. No han presentado sus puntos de vista ni los han sometido a prueba ante otros. Es sorprendente cuántos prejuicios tienen las personas acerca de quienes son diferentes a ellas. "Es increíble; conocí el otro día a un seguidor del Partido Conservador y era bastante agradable", me dijo un amigo en una ocasión. Es solo mediante la conversación con personas que no opinan como tú que tus propias respuestas se vuelven más claras y puedes apreciar mejor los puntos de vista diferentes a los tuyos.

Este libro está dividido en dos partes. La primera establecerá lo que llamo *Las diez Reglas de Oro de la discusión*. Estas reglas pueden ser relevantes en un amplio rango de situaciones: desde discusiones con el jefe hasta con la pareja o con el plomero. ¡Funcionarán incluso si tu pareja es el plomero! En la segunda parte analizaré situaciones particulares en las que las discusiones suelen surgir. Pondremos en práctica las Reglas de Oro.

Las diez Reglas de Oro de la discusión

En esta parte te presentaré *Las diez Reglas de Oro de la discusión.* Te ayudarán en cualquier situación que enfrentes. Una vez que las hayas comprendido, serás capaz de discutir bien con cualquier persona que te encuentres. Las Reglas de Oro aplican en cualquier parte: en casa, en el trabajo, en juegos, ¡incluso en el baño!

Regla de Oro 1
Prepárate

"Esos chicos se traen algo entre manos...". Estar preparado para una discusión es fundamental para el éxito. En ocasiones las discusiones surgen de la nada, pero no siempre. Quizá te percates de que una reunión de negocios complicada o de que una discusión difícil está a punto de ocurrir, en este caso estar preparado es una ventaja real.

¿Qué quieres?

Antes de iniciar una discusión, piensa con cuidado acerca de qué discutirás y qué quieres. Esto puede parecerte obvio, pero su importancia es crucial. ¿Qué es lo que en realidad quieres obtener de esa discusión? ¿Solo deseas que la otra persona comprenda tu punto de vista o persigues un resultado tangible? Si se trata de un resultado tangible, debes preguntarte si tu meta es realista y alcanzable. Si no es así, una batalla verbal podría dañar una relación valiosa.

Imagina que te gustaría que te aumentaran el sueldo. Has organizado una junta para discutir este asunto con tu gerente. Piensa con detalle si se trata de una meta realista. ¿Está claro para ti que la empresa está realizando recortes y que todos los presupuestos se encuentran sujetos a drásticas reducciones? Si es así, la probabilidad de obtener el aumento es casi nula y no tiene mucho sentido solicitarlo. Pero ¿puedes hacer otras cosas para obtener un ingreso mayor? ¿Hay alguna promoción para la que te puedas proponer? ¿Una capacitación adicional que puedas tomar? ¿Puedes ofrecerte a hacer algo adicional por la empresa? Reflexiona acerca de las opciones antes de entrar a ese despacho. Siempre inicia una discusión con una perspectiva clara acerca de lo que deseas obtener al final.

Encuadrar una discusión

Cuando prepares tu argumento, piensa cómo presentar tu punto de vista de manera lógica. Lo cierto es que la lógica tiene mala reputación.

"La lógica es el arte de estar equivocado con confianza."

Joseph Krutch

Con frecuencia la gente se siente excluida cuando hacemos referencia a la lógica. Incluso existe la sospecha de que se trata de una especie de truco inteligente para derrotar a aquellos que no están "entrenados" en ella. Sin embargo, no hay magia alguna al respecto. Los verdaderos lógicos profesionales han desarrollado reglas de magnífica complejidad, pero la lógica cotidiana no es difícil de captar.

Los lógicos hablan acerca de una "premisa" y una "conclusión". Una premisa es un hecho del que, por lógica, se desprenderá una conclusión particular. Por ejemplo: "me gustan las películas de acción; por lo tanto, me gustan las películas de James Bond". Aquí, la premisa es que me gustan las películas de acción y la conclusión lógica es que me gustan las películas de James Bond. En ocasiones son necesarias varias premisas para llegar a una conclusión. En una discusión compleja es posible extraer una serie de conclusiones lógicas a partir de una premisa inicial. Considera este buen ejemplo de un argumento:

"Los males del mundo se deben tanto a defectos morales como a la falta de inteligencia [premisa]. Sin embargo, la raza humana, hasta el momento, no ha descubierto método alguno para erradicar los defectos morales... La inteligencia, por el contrario, se optimiza con facilidad mediante métodos conocidos para cualquier educador competente. Por lo tanto, hasta que se haya descubierto algún método para enseñar la virtud, el progreso deberá procurarse por medio del mejoramiento de la inteligencia, en lugar de mejorar la moral [conclusión]." Bertrand Russell

Una buena discusión, entonces, no es solo decir lo que piensas, sino ofrecer un conjunto de razones para ello. Las malas discusiones solo implican que las personas se repiten sus conclusiones una a la otra:

> **Incorrecto**
>
> Bob: Los hombres no pueden lavar los trastes. No están programados de esa manera.
>
> Marie: Esa es una tontería.
>
> Bob: No, los hombres son diferentes a las mujeres.
>
> Marie: Eso es sexista; no hay ninguna diferencia.
>
> Bob: Es obvio que las mujeres tienen un cerebro distinto.
>
> Marie: No sabes de qué estás hablando.

Esto es típico en muchas discusiones. Todo lo que Bob y Marie hacen es repetirse sus conclusiones uno al otro. No hay posibilidad de progreso. Esto se debe a que expresan sus conclusiones pero no ofrecen las razones de sus creencias. Si alguno de los dos preguntara: "¿por qué dices eso?" o "¿tienes alguna evidencia de esa declaración?", podría haber algún progreso. Tal vez iniciarían una discusión útil si cada uno comprendiera por qué el otro opina como lo hace.

Entonces, si intentas expresar un argumento convincente, comienza con algunos hechos (premisas) que la otra persona acepte como verdaderos y luego avanza hacia una conclusión que, por lógica, fluya a partir de la premisa. Hay dos puntos esenciales:

1. Asegurarte de que tus hechos (tus premisas) sean correctos.
2. Asegurarte de que tus conclusiones se deriven, por fuerza, de tus hechos.

Hechos

Necesitamos hablar un poco más acerca de los hechos.

Utilizar los hechos

Debería ser obvio que los hechos son esenciales para muchos debates y discusiones. Antes de comenzar cualquier discusión es importante que investigues la información disponible al respecto. Perderás una discusión acerca de los beneficios de la Unión Monetaria Europea si solo has leído un par de *blogs* acerca de ello y discutes el tema con un profesor de economía. Asimismo, perderás una discusión acerca de un aumento de sueldo si no sabes lo que ganan los empleados con puestos similares al tuyo, tanto dentro de tu empresa como en otras compañías. Discutir sin hechos es como tratar de esculpir un muñeco de nieve con agua fría.

Encontrar los hechos

A menos que seas el papá o la mamá de alguien, o que seas una personalidad particularmente respetada, la frase "porque yo lo digo" no te llevará muy lejos. Necesitas referirte a los hechos para respaldar tu argumento. Internet es la primera parada de la mayoría de la gente que busca información, aunque es bien sabido que debe emplearse con cautela.

Consejo: Muchos motores de búsqueda tienen un botón "erudito" que te dirige hacia estudios académicos. Estos pueden ser una fuente más respetable de información que el punto de vista del autor de un blog, pero ten cuidado: ¡podrías enfrentarte con el lenguaje más impenetrable posible!

Es peligroso asumir que la información es verdadera solo porque es muy conocida. He aquí algunas presunciones muy conocidas que simplemente son erróneas:

- Las carpas doradas tienen una memoria que dura solo algunos segundos. Falso: en experimentos se ha descubierto que las carpas doradas pueden navegar a través de complejos laberintos.
- Thomas Crapper inventó el inodoro. Falso: fue inventado por Sir John Harrington en 1596.
- Afeitarse hace que el cabello crezca más rápido. Falso: no es así y tampoco hace que el cabello se haga más grueso o más áspero.

Desde luego, las bibliotecas, los periódicos, las revistas y los amigos pueden también proporcionar fuentes de información. Asegúrate de que tu fuente de información sea respetada.

¿La información es confiable?

Es una parte importante de la tarea y requiere un manejo cuidadoso:

- La fuente de la estadística puede ser clave. La mejor fuente puede ser un grupo u organización que sea reconocida por la persona con quien discutes. Si eso no es posible, entonces recurre a una organización que sea neutral o que tenga muy buena reputación. Es poco probable que un estudio producido por un pequeño grupo de presión acerca de los riesgos de comer demasiada carne sea tan persuasivo como un reporte de la Organización Mundial de la Salud en el que se indique la misma información. Considera lo siguiente: ¿quién produjo el estudio? ¿Es posible que el grupo tuviera algún sesgo o está siendo objetivo? ¿Es una institución respetada o un grupo de presión poco conocido?

- ¿Qué fuente influirá más en la persona con quien discutes? Si le dices a un creacionista lo que un científico ateo ha declarado, podría albergar sospechas. Sin embargo, proporciónale un estudio elaborado por algún científico cristiano y podrías convencerlo. De lo contrario, es fácil que desestime el estudio por considerarlo "poco objetivo".

- En relación con citar estadísticas para apoyar tu argumento, ¿cuán extensa fue la muestra? Cuando se realiza un estudio, por lo regular implica entrevistar o someter a prueba a una muestra de personas y elaborar generalizaciones a partir de ello. Entonces, si 100 personas son entrevistadas acerca de, digamos, si les gusta la marca *Marmite* y se descubre que a 38 personas les agrada, se nos dice que 38% de las personas aprueba la marca *Marmite*. Desde luego, esto no significa que le preguntaron a todo el mundo, pero el investigador asume que, si a 38% de la muestra le agrada la marca, entonces es probable que refleje la opinión de la población en general. No obstante, lo crucial en esta presunción es el tamaño de la muestra. Si solo les preguntaste a dos personas si les gusta la marca *Marmite* y una respondió que sí, esta sería una evidencia débil aun cuando, tomando en cuenta la muestra, a 50% de las personas le agrada la marca. ¡No puedes asumir que los puntos de vista de dos personas

- Otra cuestión acerca de la estadística: ¿cuán representativa fue la muestra? Siempre investiga quién fue encuestado. Si entrevistaste solo a aquellos que visitan el museo *Marmite*, no sería sorprendente que a gran número de personas le agrade la marca. En particular, sé cauteloso con grupos que dicen: "de aquellos individuos que llamaron a nuestro número telefónico, 86% aceptaron que…". Si la gente contactó al grupo de presión para solicitar ayuda, lo más probable es que simpatice con los objetivos del mismo. No puedes asumir que el resultado sea representativo de toda la población. Los mejores estudios son aquellos que consideran grandes cantidades de personas en el mismo momento y tiempo. Dichos resultados sustentarán mejor tu argumento.

> Un estudio descubrió que 70% de los fumadores encuestados habían intentado dejar de fumar y ninguno de ellos lo había logrado. Esta parece una noticia terrible para aquellos que intentan dejar de fumar. Pero, la encuesta solo tomó en cuenta a fumadores y dejó fuera a ex fumadores. Por lo tanto, ¡no es sorprendente que no hubiera éxitos!

- Escucha con atención la manera en la que declaran los datos. Sé particularmente cauteloso con las declaraciones que dicen "más que". Si la evidencia del argumento muestra que los niveles de contaminación se han elevado más que 35%, esto significa que 35% es la cifra superior que la evidencia indica. La verdadera cifra promedio no se ha revelado y puede ser mucho menor que 35%. También ten cuidado con los estudios que dicen que la gente "posiblemente" o "está considerando" algo. ¡Una encuesta que demostró que 50% de la gente posiblemente estaba considerando viajar menos por aire apenas demuestra que realmente vuela menos!

- Ten cuidado con los "tal vez" o los "no lo sé". Considera una encuesta en la que a la gente se le preguntaba: "¿El Reino Unido debe salir de Estados Unidos?". Los encuestados podían responder "sí", "no" o "no lo sé". Imaginemos que 15% de la gente respondió que sí, que 20% respondió que no y que 65% respondió "no lo sé". Puedes sumar las últimas dos estadísticas y decir que 85% de los entrevistados no apoyan el hecho de que el Reino Unido salga de Estados Unidos o que 80% de los encuestados apoyan que el Reino Unido permanezca en Estados Unidos.

- Sé muy cuidadoso con los porcentajes. Tomemos el dato (ficticio) de que beber café incrementa el riesgo de padecer un ataque cardiaco en 35%. Dicha declaración bien podría enviarte directo al bar más cercano. Pero, antes de que lo hagas, observa que esta estadística es muy confusa. En primer lugar necesitamos saber quiénes están en riesgo. ¿El riesgo creciente es para personas de determinada edad, para aquellos individuos con cierta tendencia a los ataques cardiacos o para la "persona promedio"? En segundo lugar, necesitas pensar, antes que otra cosa, en qué se basa el riesgo de padecer un ataque cardiaco. Podríamos decir, por ejemplo, que salir a caminar en el campo incrementa la posibilidad de ser golpeado por un asteroide en 300%, pero es probable que no te preocupes porque, de cualquier manera, el riesgo no es tan grande lógicamente hablando. Entonces, un incremento que parece terrible es irrelevante si el riesgo original es muy bajo.

Hay dos lecciones aquí. La primera es que, si dependerás de estadísticas, asegúrate de que sean las mejores: de una fuente confiable, con una muestra extensa y una conclusión clara. La segunda es que, si la persona con quien discutes presenta estadísticas, formula alguna de las preguntas anteriores. Quizás entonces podrías explicar por qué tu estudio es mucho más convincente que el suyo.

Explicar las estadísticas

No asumas que, mientras más estadísticas tengas, mejor. Unas cuantas estadísticas bien cimentadas pueden ser más efectivas que una larga sucesión de ellas, lo que dejará mareado y confundido a tu interlocutor. Solo el más aferrado *nerd* de las estadísticas puede asimilar más de un par de ellas en una conversación. Si es necesario, siempre puedes decir: "tengo muchas estadísticas que podría utilizar, pero permíteme hablarte de estas dos".

Presenta bien las estadísticas. Probablemente te dirijas a personas que están acostumbradas a su uso, pero a menudo la gente considera que esta herramienta es difícil de comprender. Puede ser mejor presentarlas de manera tan personal como te sea posible. Entonces, en lugar de decir "25% de las mujeres experimentará violencia doméstica en algún momento de su vida", podría ser más efectivo que digas: "si tienes a 20 mujeres en una habitación, puedes esperar que cinco de ellas hayan experimentado violencia doméstica". Esta táctica no solo hace que la estadística sea más fácil de comprender, sino también tiene más impacto dramático.

Consejo: Si las estadísticas se refieren a dinero y tú quieres demostrar cuán costoso es determinado producto, exprésalo en términos de individuos. Por ejemplo: "si tomáramos el dinero que costaría comprar el mobiliario para el área de recepción y lo dividiéramos entre las personas que estamos presentes en esta sala, podríamos pagarnos unas vacaciones de dos semanas en Florida".

Un error fácil y común es hacer generalizaciones: "todo el mundo sabe que...", "los inmigrantes ilegales siempre...". Estas declaraciones generalizadas piden a gritos ser rebatidas por una excepción que demuestre que son falsas. Existen muy pocas declaraciones de este tipo que no pueden ser refutadas, de manera que lo mejor es que evites emplearlas.

> Todas las generalizaciones deben ser evitadas, ¡excepto esta!

Presentar un argumento

La clave de prepararte para cualquier confrontación no solo es dominar los hechos y las razones, sino pensar cómo presentarlas. Como es obvio, esto dependerá un poco de si el argumento forma parte de una junta, de una conversación o de una presentación. Sin embargo, los principios básicos serán los mismos.

Deja claro cuál es tu argumento y por qué

Siempre es conveniente establecer desde el principio cuál es tu argumento y por qué. Considera esta introducción para un argumento:

"La empresa debe apoyar la propuesta de comprar el edificio en el número 3 de New Street. Yo demostraré tres razones para hacerlo. En primer lugar, la compra generará ganancias considerables. En segundo lugar, tenemos la necesidad real de un espacio mayor. En tercer lugar, esta adquisición mejorará la imagen pública de la empresa."

Desde el inicio, el presentador deja claro que su argumento es a favor de la compra e informa a quienes lo escuchan, mediante evidencias, los tres hechos que establecerán el caso. De igual manera, al final de la argumentación debe repetir lo que se ha demostrado:

"Entonces hemos visto que adoptar la propuesta de comprar el edificio en el número 3 de New Street generará ganancias considerables. Tenemos la necesidad desesperada de más espacio y la adquisición de ese inmueble resolverá dicho problema. En tercer lugar, la adopción de esta propuesta mejorará en gran medida la imagen pública de la empresa. Yo los invito a apoyar esta propuesta."

Nota que el inicio y la conclusión expresan las razones que sustentan el argumento en su forma más simple. Como es evidente, hay mucho más que debe decirse entre estos dos extremos, pero comienza y concluye con los tres puntos clave que utilizas para sustentar el argumento.

Consejo: Existe una regla muy conocida: informa a la gente lo que vas a decirle, luego dilo otra vez y al final repítelo. Esto se dice con frecuencia y por una buena razón: es un consejo excelente.

Un beneficio de la repetición es que, en palabras simples, hace que la idea dé en el blanco. Repetir un punto cuando menos tres veces es una técnica popular de los publicistas. Una vez que has escuchado cinco veces que un producto en particular mata todos los gérmenes conocidos, comenzarás a creerlo.

Resumen

Prepárate bien para las discusiones. Asegúrate de haber investigado tus hechos. Elige con toda atención los argumentos clave de los que dependes. Descubre cuáles son los puntos básicos que deseas establecer y cómo presentarás tus argumentos.

En la práctica

Anota lo que quieres decir por puntos. Utiliza la siguiente estructura:

- Premisa
- Hechos/razones de soporte
- Conclusión

Elabora notas breves y luego exprésalas en voz alta, despacio, tres veces. Entonces, cuando se presente el momento de discutir, ya sea con tu médico, con tu cónyuge o con tu electricista, serás capaz de "improvisar" de manera convincente. Desde luego, recurre a tus notas si te resulta útil.

Regla de Oro 2
Cuándo discutir, cuándo alejarte

Estoy seguro de que todos hemos tenido discusiones en las que, después, hemos sentido que ocurrieron en el momento y en el lugar equivocados. Saber cuándo entrar en una discusión y cuándo no es una habilidad vital. Antes de embarcarte en una discusión, siempre pregúntate: ¿es el lugar y el momento adecuados? ¿Es preferible alejarte y no sostener esa discusión o tenerla en otro momento y lugar?

Entrar en discusiones

En particular, reflexiona respecto de lo siguiente:

- ¿Esta discusión puede tener un resultado productivo?
- ¿Es mejor tener esta discusión en privado o con otras personas alrededor?
- ¿Cuentas con la información que necesitas para presentar un buen argumento?
- ¿Te sientes listo, en términos emocionales, para esta discusión?
- ¿La otra persona está lista, en términos emocionales, para escuchar tus argumentos?

¿Esta discusión puede ser productiva?

No tiene mucho sentido tener una discusión si nadie obtendrá algún beneficio a partir de ella. Imagina que te encuentras en una fiesta de trabajo organizada para fomentar nuevos negocios. Te presentas con un hombre de aspecto distinguido, que pronto te informa que es líder de un club local de cacería. Tú te opones por completo a la cacería. Podrías entrar en una discusión acerca de la moralidad de cazar animales, pero es muy poco probable que esto sea productivo. Tienes muy pocas probabilidades de expresar argumentos que él no conozca de antemano. En un ambiente festivo, no puedes dar un extenso sermón acerca de la crueldad que significa la cacería. La discusión no llegará a ninguna parte; incluso es posible que dañes los intereses de tu empresa. Es momento de alejarte o de cambiar la conversación cuanto antes.

O imagina la cena familiar de Navidad y que el tío Geoff expresa algunos comentarios homofóbicos que tú encuentras reprobables. Quizás existan momentos y lugares apropiados para hablar acerca de este asunto con Geoff, y la cena de Navidad no sea lo ideal. El resultado final de cualquier discusión relacionada es bastante predecible: ¡tú y el tío Geoff se enfadarán y el resto de la familia no estará nada contenta con ustedes dos! Déjalo para otro día.

El compromiso emocional que algunas personas tienen con sus propios puntos de vista puede ser tan profundo que es poco probable que los cambien. La posibilidad de que convenzas a una persona, en una sola conversación, de que su religión es errónea es muy baja. Lo máximo que podrías esperar es crear una duda que desee explorar en otra oportunidad.

> **Ejemplo útil**
> "¿Qué evidencia necesitarías para cambiar de opinión?"

Esta es una pregunta contundente. Si la persona sugiere que ninguna evidencia podría demostrar que está en un error, entonces sabrás que te enfrentas con un fanático declarado. ¡Aléjate!

> **Nunca discutas con un fanático. Es una pérdida de tiempo.**

¿En público o en privado?

Esta puede ser una decisión importante, en especial en un contexto de negocios. Necesitas pensar con cuidado al respecto. ¿Esta discusión es más conveniente en el nivel uno-a-uno con el individuo implicado o lo mejor es realizarla en grupo? Hay varias consideraciones que debes tomar en cuenta:

- *Confidencialidad.* Si, en el transcurso de una discusión, requieres mencionar temas confidenciales (acerca de ti mismo o alguien más), entonces necesitas asegurarte de que la conversación sea privada, para no violar esta confidencialidad.
- *Confianza.* ¿Te sentirás más seguro si otra persona está contigo? ¿O si estás solo? Si quieres que alguien más esté contigo, ¿quién sería?
- *Formalidad.* ¿Te sentirás más cómodo si tratas este tema en un ambiente formal, como una junta, o en uno informal?
- *Intimidación.* Si sabes que la otra persona puede ser agresiva o desagradable, quizá lo más conveniente sea intentar reunirte con ella y con alguien más en un sitio público. Es menos probable que haya intimidación si hay otras personas alrededor. Si tu interlocutor se pone ofensivo, idealmente habrá otras personas que acudirán a defenderte.
- *Acuerdo.* ¿Otras personas están de acuerdo contigo? Si es así, tu argumentación puede ser más fuerte si se presenta en conjunto con otros individuos que apoyen tu punto de vista.

¿Cuentas con toda la información que requieres?

A toda costa evita una discusión si no estás preparado para ella. Como ya vimos en la Regla de Oro 1: contar con la información clave a la mano es crucial. No debes sentir vergüenza alguna al decir: "necesito reflexionar un poco más a este respecto antes de darte mi opinión. Hablemos mañana sobre esto". Puede suceder que, en el transcurso de la discusión, se presente información que tú desconocías. Una vez más, quizá lo mejor sea darte un tiempo. Tal vez necesites alejarte y leer el estudio acerca del que la otra persona te habló o investigar más cifras.

¿Estás emocionalmente listo?

Discutir bien requiere tiempo, atención y esfuerzo. Discutir cuando estás exhausto, sensible o con prisa suele ser contraproducente. Si siempre estás exhausto, sensible y apresurado, necesitas intentar elegir un momento en el que estés bien preparado y en una buena posición para explicar tus argumentos y escuchar los de la otra persona. Una conversación arrebatada acerca de un aumento de sueldo en el área del café de la oficina es poco probable que funcione. Una discusión acerca de hacia dónde va una relación sentimental puede no ser muy productiva a la una de la mañana.

En particular, evita involucrarte en una discusión cuando estés enojado. La tentación al escuchar que una persona ha tomado una decisión con la que no estás de acuerdo puede ser redactar un mensaje furioso por correo electrónico o arrancarte a enfrentarla en persona. Sé muy cuidadoso. Asegúrate de haber comprendido bien. Resultaría muy vergonzoso entrar en la oficina de la otra persona para quejarte por su decisión, solo para darte cuenta de que se trató de un lamentable malentendido.

¿La otra persona está lista?

Los temas que hemos comentado también aplican para la otra persona. Tal vez tú estás más que listo para la discusión, pero la otra persona también debe estar receptiva. Quizá necesites proporcionarle alguna información para que lea con anticipación antes de hablar con ella. Quizás incluso prefieras entregarle un breve documento en el que expongas tus puntos de vista y sugieras una reunión posterior para discutirlos. De esta manera le concederás a la otra persona un poco de tiempo para reflexionar acerca de lo que deseas decirle, con la finalidad de que pueda ofrecerte una respuesta considerada.

Piensa con atención qué momento es el más adecuado para discutir el tema. El viernes a las cuatro de la tarde puede ser excelente para ti, pero tu jefe podría sentirse exhausto y estresado. Una vez más, la clave es saber si la otra persona será capaz de prestar atención a lo que tienes que decirle y darle suficiente tiempo para que escuche tus argumentos de manera apropiada.

> **Ejemplos útiles**
>
> "Este es un asunto muy importante y debemos discutirlo de forma adecuada. No creo que este sea el momento ideal para hacerlo."
>
> "¿Discutimos esto mañana, cuando tengamos más tiempo?"
>
> "Ah, ese viejo tema. Bueno, podríamos discutirlo hasta el siguiente diluvio, pero quizá sea más divertido que nos cuentes sobre tus vacaciones en Skegness."

Evitar discusiones

¿Has descubierto que tienes una discusión tras otra cuando en realidad no quieres? Puedes dejar de hacerlo.

Consejo: No tienes que discutir acerca de cada tema con el que no estés de acuerdo.

¿En verdad es necesario?

En primer lugar, antes de cualquier discusión, pregúntate: ¿en verdad es necesario? Tal vez pienses que estás rodeado de tontos e incompetentes. Incluso si así es, no tienes que corregir a cada tonto con el que te enfrentas. Solo deja que las cosas sean como son. Recuerda algunas frases útiles para escapar de una discusión:

> **Ejemplos útiles**
>
> "Ese es un tema muy complejo."
>
> "¡Guau! Ese es un punto de vista muy interesante."
>
> "Bueno, podríamos debatir a ese respecto hasta que amanezca."

Si en verdad estás convencido de que no puedes permitir que la otra persona permanezca en la ignorancia, quizá lo mejor sea no confrontar. He aquí cómo hacerlo:

"El otro día leí un artículo muy interesante sobre ese tema. Te lo enviaré por correo electrónico."

¿Se trata de un asunto sin solución?

Muchos de los grandes temas que a la gente le encanta discutir son simples reflejos de un desacuerdo más amplio entre las partes. Por ejemplo, una disputa sobre si la vida inicia en la concepción suele, de hecho, reflejar un debate acerca de si la gente cree o no en Dios. A menos que cuentes con muchísimo tiempo (por ejemplo, si estás atrapado en un tren descompuesto), no podrás discutir todos los pormenores con minuciosidad. Si no serás capaz de resolverlo, lo mejor es dejarlo por la paz.

Puede suceder que el tema tenga solución, pero que tu interlocutor sea inamovible. Está comprometido con una perspectiva particular y, sin importar lo que digas, no cambiará de opinión. En este caso, es poco probable que la discusión sea productiva. Los signos de advertencia al respecto se presentarán cuando la otra persona simplemente no se muestre dispuesta a involucrarse en una discusión.

"No quiero discutir sobre esto."

"Ya tomé mi decisión."

O incluso, como alguna vez me dijo una persona:

"Sin importar lo que me digas, yo no voy a cambiar de opinión."

Ten cuidado con asumir algunos principios de racionalidad. Las creencias de muchas personas son solo presunciones, no están basadas en el pensamiento ni en la lógica. Es sorprendente cuántas personas apoyan algo categóricamente, pero sin reflexionar al respecto. Recuerdo una conversación que sostuve hace muchos años con mi abuela, que apoyaba con fiereza al Partido Conservador. Yo revisé un amplio rango de temas (como educación, defensa, etcétera) y, en cada uno, ella apoyaba la política del Partido Laboral, en lugar de la del Partido Conservador. Al final, recuerdo que dije: "pero, abuelita, en todos los temas apoyaste las políticas del Partido Laboral; entonces, ¿por qué apoyas a los conservadores?". "Porque siempre lo he hecho", replicó ella. No encontré una respuesta para eso.

Conoce tus detonadores

La mayoría de las personas tenemos "detonadores". Tan pronto como alguien menciona un asunto en particular, nosotros nos lanzamos con nuestra perorata. Veinte minutos más tarde, nuestro pobre amigo nos mira, exhausto, y dice: "bueno, supongo que no debí mencionar esto". Una vez que sepas que existe un tema sobre el que sientes, sin duda alguna, que puedes reaccionar de forma exagerada, *ten cuidado*. Haz consciente tu propensión a perder la perspectiva, asegúrate de mantener la calma y pregúntate: ¿es el momento, el lugar y la persona adecuados?

Resumen

Recuerda que no tienes que discutir por cada tema con el que no estés de acuerdo. A menudo lo mejor es dejar que las cosas sean como son. Si la discusión es necesaria, cerciórate de que estás preparado. Asegúrate de que sea el momento y el lugar apropiados para conducir la conversación. Si no es así, espera otro momento más conveniente.

En la práctica

Respira profundo y pregúntate si es:

- El momento adecuado
- El lugar adecuado o
- La persona adecuada

Si lo son, respira profundo una vez más y comienza. Si no, aléjate.

Regla de Oro 3
Lo que dices y cómo lo dices

En un mundo ideal, todas las discusiones deberían decidirse por sus méritos y no por su presentación. Sin embargo, no vivimos en un mundo ideal. No hay manera de escapar al hecho de que la presentación de un argumento es crucial. La publicidad se basa por completo en persuadirte de comprar un producto que, en otras circunstancias, no comprarías, y la mayoría de las campañas publicitarias son el triunfo de la presentación sobre la sustancia. Muchas personas han ganado discusiones basadas en cimientos erróneos, porque han expresado muy bien sus puntos de vista. Y muchas personas con buenos argumentos han perdido porque no lograron expresarlos de forma atractiva.

Considerar que una discusión es simplemente una batalla intelectual sería un error grave. Muchas discusiones involucran asuntos tanto emocionales como intelectuales. ¿Alguna vez has escuchado un discurso grandioso o una conferencia fabulosa? Es probable que no se debiera al poder intelectual detrás de los argumentos, sino al impacto emocional logrado. Barack Obama en realidad no ganó las elecciones presidenciales estadounidenses por el atractivo intelectual de su argumentación, sino por el atractivo emocional y su convincente exposición.

Presentación

Entonces, ¿qué puedes hacer para que tu argumento sea lo más atractivo posible? He aquí algunos indicadores.

Claridad

Es un gran error pensar que, mientras más complicado sea tu argumento, más convincente será. Incluso el tema más difícil puede reducirse a unos cuantos puntos sencillos. Esta no es una invitación al embrutecimiento. Quizá necesites incluir algunas ideas complejas, pero casi siempre al final podrás regresar a tus pocos puntos clave. Si las personas con quienes discutes no comprenden el punto central de lo que quieres transmitir o por qué lo haces, es improbable que logres algún progreso.

Es bien sabido que los juicios por fraude son difíciles de procesar. Una razón de ello es que para los abogados resulta muy fácil la defensa. Todo lo que necesitan es confundir al jurado. Presentan un montón de información financiera compleja y a unos cuantos expertos que se expresen en jerga técnica y muy pronto, los miembros del jurado se sentirán perdidos. Lo cierto es que no podrán asegurar que los inculpados cometieron el delito.

Lo mismo ocurre con las discusiones. Desconcierta a tu oponente y quizá lo convenzas de que el tema es muy complejo, aunque no lo persuadirás de que tienes razón.

Brevedad

Ya lo dije una vez, pero volveré a decirlo. Sé breve. Una guía útil es "la prueba de la tarjeta postal". ¿Puedes resumir lo que quieres decir en una tarjeta postal? A menos que se te haya solicitado de forma específica que comentes acerca de un tema, debes limitarte a tres puntos clave como máximo.

> **La mayoría de la gente dice demasiado cuando discute.**

Es mejor expresar bien un solo punto que mencionar 40 y que tu interlocutor se confunda o se aburra, o ambas cosas. Recuerda: solo un argumento debe funcionar; por lo tanto, elige tus mejores argumentos y aprovéchalos al máximo.

Enfócate en la pregunta: ¿qué *necesita* saber la otra persona? Si le dices a la gente lo que ya sabe, podría aburrirse. No deseará hacer el esfuerzo de escucharte si en los 15 minutos que dura tu perorata no hay un solo punto que no sepa de antemano. Estoy consciente de que es tentador expresar todos los puntos que tengas por decir, pero guarda algunos como reserva. Escucha la respuesta de la otra persona.

¿Ha asimilado bien tus tres puntos o necesitas explicárselos? ¿Está casi convencida de tus tres puntos, en cuyo caso algunos de tus puntos secundarios podrían ser útiles? ¿Esa persona es experta en este tema? ¡En ese caso, tienes que ser muy cuidadoso!

Entusiasmo

Muéstrate entusiasta en cuanto a tu argumento. No hay nada de malo en demostrarle a la gente que te importa el tema. En tu argumentación no seas agresivo, mejor sé positivo y vivaz. Si tu actitud es aburrida o desinteresada, ¡no debe sorprenderte que la gente reaccione de igual manera ante lo que dices!

Inicia bien

Cuando comienzas tu argumentación, quieres que la gente perciba el tema desde tu perspectiva de inmediato. Los abogados lo saben bien. Sus discursos de apertura buscan influir en la perspectiva desde la que el jurado mira el caso:

Correcto

Abogado defensor: Este es el caso de un inocente hombre de familia; un testigo confundido, por error, con el culpable. Ha sido golpeado con brutalidad por los agentes de policía. Ustedes deben defender los derechos de un inocente.

Fiscal: Este hombre atacó salvajemente a una indefensa abuela en su propio hogar. Existen suficientes evidencias en su contra. Debemos proteger a la sociedad contra esta amenaza.

De acuerdo, quizá los abogados no se expresen de esta manera, pero ya captaste la idea. El discurso de apertura de un abogado es determinante porque quiere que el jurado mire las evidencias desde una perspectiva particular. Entonces, por ejemplo, si tú quieres argumentar que la adopción de determinada propuesta significa un severo riesgo para el bienestar financiero de tu empresa, deseas que tus interlocutores observen todas las evidencias y se pregunten: "¿cuáles son los riesgos financieros de esta decisión y cómo me afectarán?". Si puedes lograr que ellos consideren la propuesta desde esa perspectiva, estarás en el camino correcto para ganar el caso.

Carga de pruebas

Este es un asunto de gran importancia al discutir, pero muchas personas no valoran su significado. Considera que el presidente de una junta dice lo siguiente:

"Bueno, esta propuesta parece muy interesante. ¿A alguien se le ocurre un motivo por el que no deberíamos proceder?".

Al preguntar de esta manera, el presidente ha colocado la carga de pruebas sobre quienes opinen que la propuesta no debe realizarse. No hay necesidad de defender la propuesta pues ya se ha asumido. Imagina que el presidente hubiera dicho:

"Bueno, aquí está la propuesta. ¿Alguien opina que se ha hecho una presentación convincente como para adoptarla?".

Por lo tanto, la estrategia para discutir a favor de comprar un automóvil nuevo de ciertas características es decir:

"Dame una buena razón por la que no debemos comprar este automóvil."

Al decirlo así se asume que comprar el automóvil es conveniente. Podrías haber dicho:

"Dame una buena razón por la que debemos comprar este automóvil."

De esta manera pondrías la carga de pruebas en encontrar buenas razones para adquirir el vehículo. Entonces, al discutir, busca dirigir la argumentación hacia por qué tu punto de vista no debe ser aceptado. De esa manera, los escépticos permanecerán de tu lado, a menos que estén convencidos de que existe un buen motivo para estar en tu contra.

Tres

Todas las cosas buenas vienen de tres en tres. Es una exageración, quizá, pero recuerda:

> ¡Snap, Crackle y Pop!

Los publicistas a menudo usan tríos. Ya saben que sí funcionan.

Numerar tus puntos puede parecer bastante formal, pero ayuda al interlocutor a saber hacia dónde vas y le ayuda a recordarlos. También ayuda a la otra persona a darse cuenta de que existe un límite del tiempo durante el que tendrá que escucharte.

"Existen tres razones principales por las que creo que debemos apoyar este proyecto. La primera es..."

Esta táctica asegura a quienes te escuchan que no estás hablando de lo que llega a tu mente en ese momento. Por el contrario, has reflexionado acerca del tema y respetas el hecho de que su tiempo es limitado.

No seas unilateral

Al discutir, la tentación es solo destacar tu lado del argumento. Los vendedores de puerta en puerta siempre lo harán. Enunciarán todos los beneficios de adquirir el producto e intentarán evitar que pienses en las desventajas: ¡el hecho más obvio es que te costará mucho dinero! Y estoy seguro de que todos hemos conocido personas pesimistas que, ante cualquier propuesta, solo considerarán las desventajas. Un pesimista recibirá cualquier propuesta de irse de vacaciones con:

> "Bueno, podría llover; el hotel puede ser horrible; no me gustará la comida y será demasiado costoso."

¡Es sorprendente que algunas personas logren salir de la cama! ¡O meterse en ella, para el caso!

Sin embargo, un buen argumento buscará convencer a aquellos que estén del lado opuesto. De hecho, si eres capaz de presentar el argumento contrario a tu propuesta y luego desecharlo, puedes desinflar las velas de tu oponente. Si tu adversario intenta volver a expresar su argumento, sonará repetitivo y quienes escuchan ya tendrán una visión negativa a ese respecto.

Como es obvio, existe un ligero riesgo en esta estrategia. Si abundas demasiado en los argumentos de la contraparte, quizá comiences a sembrar semillas de duda en tu interlocutor. ¡Incluso podrías darles buenas ideas a tus oponentes acerca de los argumentos que podrían utilizar en tu contra! Yo sugiero dos reglas clave:

- No generes una contra-argumentación, a menos que cuentes con una buena respuesta para ello.
- No generes una contra-argumentación si existe una respuesta obvia.

Consejo: Refuta los argumentos de tus oponentes con antelación, cuando puedas hacerlo. De lo contrario, ¡ni los menciones!

El uso del humor

El humor resulta muy importante para ganar una discusión. Puede ser fundamental para que la gente esté de tu lado. Si logras iniciar tu argumentación con un buen chiste, ¡la gente puede mostrarse más entusiasta hacia ti con la esperanza de que digas otro! La risa puede unir a tu audiencia y lograr que se asocie contigo.

No obstante, el humor también tiene algunos riesgos. Se me ocurren dos en particular. Primero, puede distraer a quienes te escuchan. Estoy seguro de que todos hemos oído conversaciones posteriores en las que alguien dice: "Fue divertidísimo pero ¿qué dijo?". Esto podría no ser tan importante si solo intentas agradar a la gente, por ejemplo, si eres candidato para una elección, pero sí tiene importancia si lo que intentas es transmitir un argumento serio. Así, emplear chistes para amenizar la conversación es muy recomendable, pero no exageres.

Segundo, en general lo mejor es evitar el humor cruel.

Malos chistes

"No sé qué es lo que te hace tan estúpido, pero sí funciona."

"Estoy un poco ocupado en este momento. ¿Puedo ignorarte en otra ocasión?"

Hacer un comentario desagradable sobre la persona que está en desacuerdo contigo puede generar una carcajada rápida, pero no es probable que te consiga adeptos. Tampoco es probable que genere una discusión productiva con la persona con quien hablas. Quieres que la gente ría contigo, no de tu oponente.

Emplea asociaciones emocionales

Se dice que los restaurantes en Estados Unidos cobran, en promedio, 15% más por los platillos que se presentan como "Especiales de Mamá". Es increíble cómo una analogía hogareña puede hacer que algo ordinario parezca extraordinario. Esto también sucede con los argumentos.

Para muchos de nosotros existen palabras, imágenes o aromas que transmiten gran cantidad de emociones. No es por nada que los agentes de bienes raíces sugieren preparar café y hornear pan justo antes de que un comprador potencial asista a una cita para conocer una casa. Los publicistas pagan grandes cantidades para que las celebridades promuevan sus productos y piensan con todo cuidado en las asociaciones que se crean. Con una figura conocida, tú puedes pensar de inmediato en seguridad y confianza, de manera que la contratan para promover productos financieros. Otra personalidad se asocia con belleza o sensualidad y entonces la contratan para promover un perfume.

Entonces, cuando presentes argumentos, emplea asociaciones positivas. ¿Con qué quieres que asocien tu argumento? ¿Quieres parecer despiadado? ¿Amable? ¿Astuto para las finanzas? Asocia tu argumento con conceptos que tus interlocutores relacionarán con un atributo en particular.

> **Ejemplo útil**
>
> "Esta propuesta es tan breve y precisa como el estilo de Alan Sugar para despedir empleados."

Piensa con cuidado en las palabras que utilices. Como todos sabemos, las palabras pueden transmitir un significado cargado de sentido. Los escritores de noticias lo saben bien:

"Pervertido acosa a adolescentes"

Es mucho más atractivo que:

"Hombre es descubierto vagando afuera de una escuela"

El uso de las palabras puede ser muy importante. Cuando pienses cómo expresar tu argumento, elige palabras que presenten el caso con fuerza. En ocasiones, una frase cautivante puede darle el triunfo a un argumento con mayor efectividad que cientos de estadísticas.

La analogía abusiva

Esto implica vincular el argumento de otra persona con algo desagradable. En otras palabras, significa verter escarnio sobre el argumento del otro pero, si se adereza con ingenio, el ataque es más atractivo. Siempre existe el riesgo de que, al rechazar el argumento de tu oponente, por fuerza quedarás como un grosero. Es poco probable que esta estrategia sea productiva en términos de tu relación con la persona con quien discutes o con quienes te escuchan. Emplear una comparación humorística puede permitirte ser grosero con la otra persona, ¡pero sin parecer cruel! No obstante, debes usarla con cuidado. Si lo haces mal puedes perder la simpatía de las personas con quienes hablas. Considera este ejemplo del argumento de un individuo:

> **Ejemplo útil**
>
> "Un discurso como la cabeza de un toro de Texas: una punta acá, una punta allá y un buey en medio."

Mantén la calma

Es crucial que mantengas la calma. Una manera de perder en una discusión es comenzar a gritarle a la otra persona. Recuerdo que en una ocasión vi que un papá le gritaba a un bebé tan fuerte como podía: "¡Yo soy un padre amoroso; tú debes hacer lo que yo te diga!". La agresividad en su voz hablaba más fuerte que el contenido de sus palabras.

No obstante, todos sabemos que el control es una de las primeras cosas que perdemos en muchas discusiones. Es fácil decir que debemos mantener la calma pero ¿cómo podemos lograrlo?

El primer punto a recordar es que, a veces, durante una discusión, lo que la otra persona intenta es causarte enojo. Quizá diga cosas deliberadamente diseñadas para enfadarte. Sabe que, si logra hacerte perder la calma, dirás algo que suene estúpido; simplemente te enojarás y entonces será imposible que ganes la discusión. Nota cuán raro es que los políticos se enojen. Saben que, si parece que han perdido la serenidad, les costará el aprecio de sus votantes. Entonces, no caigas en ese error. Alguien puede hacer un comentario para incitar tu furia, pero es probable que una respuesta tranquila y enfocada en el problema sea más efectiva. De hecho, cualquier interlocutor perceptivo admirará el hecho de que no caíste en la provocación.

Consejo: Sé consciente de que la otra persona podría intentar hacerte enfadar. Reconoce las situaciones en las que pierdes los estribos. Evítalas.

Si sientes que comienzas a enojarte, mantén la calma y enfócate en el problema. Si la persona ha dicho algo personal en tu contra, ignora el comentario.

> Bob: Eres fascista y racista. Eres una escoria.
>
> Tom: Bob, mira, estamos discutiendo si la discriminación positiva debería permitirse. Este es un problema complejo. Ahora, yo decía que establecer cuotas obligatorias de empleados de grupos minoritarios podría generar resentimientos contra ellos y obstaculizar la causa de la anti-discriminación. ¿Qué opinas acerca de este argumento?

Aquí, Tom ignora el insulto de Bob y regresa al tema. Con mucha facilidad pudo responder con un insulto personal como venganza, pero la discusión no hubiera llegado a ninguna parte. Desde luego, puede suceder que Bob profiera más insultos personales, en cuyo caso lo mejor sería que Tom suspenda la discusión.

En segundo lugar, aprende a reconocer las señales de advertencia. Por lo regular existen algunas sensaciones físicas asociadas con el enojo: sientes la cara caliente, se incrementa tu ritmo cardiaco y percibes que tus emociones se alteran. Aprende cómo te sientes cuando comienzas a enojarte, de manera que puedas implementar medidas preventivas.

También mantente atento ante situaciones, palabras o asuntos que te alteran. Algunas personas reaccionan con furia si su autoridad se ve amenazada, su integridad es cuestionada o sienten que alguien intenta decirles lo que tienen que hacer. Esto es distinto para cada persona. Si conoces estas situaciones, puedes vigilarlas con atención.

En tercer lugar, si sientes que tu pulso se acelera y que comienzas a enojarte, guarda silencio. Respira profundo. Tal vez lo mejor sea decir: "creo que debemos hablar sobre esto en otro momento". Si es necesario, aléjate. Ve a beber un sorbo de agua o, si te es posible, recuéstate. Repítete una y otra vez: "no voy a enojarme por esto" (¡pero no lo digas en voz alta!).

Alejarte quizá no sea lo ideal, pero casi siempre será mejor que enojarte. Serás capaz de atender mejor el problema una vez que te hayas tranquilizado. Si no puedes hacerlo, entonces cuenta despacio hasta diez o elabora una lista mental de tus amigos. Haz algo que aleje a tu mente de los pensamientos molestos. Planea con anticipación lo que pensarás cuando sientas que estás a punto de enfadarte.

En cuarto lugar, también puede resultar útil decir en voz alta lo que la persona ha dicho y que te ha alterado. Admitir que estás enojado ayudará, a ti mismo y a la otra persona, a comprender el efecto que la conversación tiene en ti. Puedes reconocer los puntos de vista de la otra persona de una manera bastante sencilla:

"Soy consciente de que has expresado tus perspectivas religiosas, pero estoy muy molesto por eso."

En quinto lugar, mantén la voz baja y bien modulada. Muchas personas que gritan no se dan cuenta de que lo hacen. Si crees que estás hablando con energía, es probable que estés gritando. Entonces, haz un esfuerzo deliberado por hablar con serenidad.

Consejo: Si te sientes muy enojado, es probable que seas mucho más agresivo que lo que crees.

Es muy tentador igualar el volumen y el tono de la persona que habla contigo. Si esa persona empieza a hablar más fuerte, tenderás a hacer lo mismo. Ten cuidado con esto. No permitas que su ira provoque la tuya.

Lenguaje corporal

Existen en el mercado numerosos y excelentes libros acerca del lenguaje corporal (prueba con *Body Language* de James Borg, Prentice Hall, 2008). Yo solo señalaré aquí algunos puntos clave pero, como a menudo se dice, 70% de la comunicación tiene lugar mediante el lenguaje corporal. He aquí algunos consejos básicos:

- No te sientes o te pares demasiado cerca de la persona con quien hablas.

- Siéntate o párate justo frente a ella.
- Utiliza el contacto visual, pero no demasiado.
- Emplea una postura corporal abierta: no cruces los brazos frente a tu pecho.

De igual manera, observa estas señales en la persona con quien hablas:

- ¿Sus brazos están cruzados frente a su pecho? Si es así, esta postura sugiere tensión.
- ¿Luce inquieta o incómoda? Esto podría indicar que no es honesta por completo.

Lenguaje pintoresco

¡Emplea un lenguaje pintoresco! ¡No, con esto no quiero decir que utilices malas palabras! Lo que quiero decir es que intentes aderezar tus argumentos con algunas palabras o frases llamativas. No exageres: no se trata de una audición para la Real Academia de Arte Dramático. Sin embargo, existen muchas maneras de hacer que tu argumentación sea atractiva para tus interlocutores:

- *Usa analogías:* cuando se solicitó a Microsoft que incluyera el *software* de otras empresas en sus exploradores, Bill Gates respondió que eso era como "solicitarle a Coca-Cola que enviara dos latas de *Pepsi* en cada empaque de seis unidades". Esta analogía, comprensible al instante, expresó su opinión con toda claridad. Evita los clichés. Crea tus propias analogías. Si lo que intentas decir es que la otra persona pretende lograr lo imposible, esfuérzate y piensa en una analogía apropiada con una persona muy famosa: "es como intentar que Gordon Brown sonría con naturalidad"; "es como enseñarle a rezar a Richard Dawkins".
- *Usa "intensificadores":* son palabras que tienen fuertes asociaciones. Evita palabras como "muy" o "mucho" y elige términos que transmitan un mensaje con dramatismo. Echa un vistazo a las palabras

REGLA DE ORO 3: LO QUE DICES Y CÓMO LO DICES

que utilizan los publicistas. El cloro no solo limpia: "destruye bacterias"; los acondicionadores no solo humectan: "suavizan" e "hidratan".

- *Elige la terminología con todo cuidado:* cualquier persona que sigue los debates llegará a conocer el tipo de terminología que debe utilizarse en las batallas verbales. Considera, por ejemplo, el lenguaje utilizado en el debate del aborto: ¿se trata de un feto o de un niño no nacido? Cada grupo contendiente busca utilizar su propia terminología porque, de forma consciente o no, puede afectar la manera como se percibe su argumentación. Evita adoptar la terminología de la otra persona, pues esto puede desvirtuar el debate.

> Cuando se le preguntó a Al Smith, un político estadounidense, cuál era su punto de vista sobre el alcohol, respondió:
>
> "Si por alcohol se refiere al profanador de la inocencia, al corruptor de la castidad, al azote de la enfermedad, a la ruina de la mente y a la causa del desempleo y de las familias destrozadas, entonces, desde luego, me opongo a él con cada uno de los recursos de mi mente y de mi cuerpo.
>
> "Pero si por alcohol se refiere al espíritu de la camaradería, al aceite de la conversación que agrega cadencia a los labios y música a la boca; a esa calidez líquida que complace al alma y anima al corazón; a ese beneficio cuya recaudación fiscal ha contribuido con millones de dólares al erario público para educar a nuestros niños, para brindar cuidados a los ciegos y para atender a nuestros ciudadanos ancianos necesitados, entonces, con todos los recursos de mi mente y de mi cuerpo, estoy a favor de él."

Las palabras pueden ser muy importantes para responder a los argumentos. Considera estas dos respuestas del presidente de una junta:

"Tenemos frente a nosotros una propuesta investigada con todo cuidado y bien argumentada."

Esta frase indica que la propuesta tiene muchas más probabilidades de ser aceptada que:

"De acuerdo, bien, eso fue... mmm... interesante. ¿Alguien más quiere hablar a favor de esto o continuamos con el siguiente punto?"

Motiva a la gente

La mejor manera de discutir no es decirle a la otra persona lo que debe hacer, sino permitir que lo resuelva por sí misma. Es más probable que un individuo se "apropie" de la solución si forma parte de ella. Este es el motivo por el que puede ser tan persuasivo proporcionar a la gente los argumentos de ambas partes. Imagina una junta local donde Bob dice:

"Estamos aquí para decidir si nos opondremos o no a la construcción de la nueva antena para telefonía celular. Ya hemos escuchado todos los beneficios: nuestra recepción telefónica será mejor, recibiremos un poco de dinero adicional y habremos encontrado un uso para ese terreno desperdiciado. Hemos escuchado también las desventajas: existe un pequeño incremento en el riesgo de que nuestros niños enfermen de cáncer, el terreno no podrá ser utilizado para crear un fantástico parque de juegos y la construcción de la antena destruirá la bella vista de las colinas a la distancia. Necesitamos sopesar las opciones para llegar a una decisión acerca de lo que es más conveniente."

Quizá te resulte muy claro hacia dónde se inclinan las simpatías de Bob, pero él no ha dicho de forma directa lo que debes opinar. Él te lo ha dejado a ti para que lo resuelvas por ti mismo. Desde luego, ha establecido un claro camino que desea que tú sigas en tus reflexiones.

Resumen

Invierte tiempo en la presentación de tu argumento. Asegúrate de mantenerla simple y atractiva. No solo hables de los argumentos que tengas a favor de tu caso, sino también de los argumentos en contra. Emplea un lenguaje dramático y excitante para contagiarle a tu interlocutor el entusiasmo por tu caso.

En la práctica

Tu manera de presentar un argumento no se refiere a un atuendo o a un corte de cabello nuevo. Desde luego, el arreglo personal es importante en muchas situaciones; sin embargo, en las discusiones, acicala tus palabras. Sé claro, pintoresco y valiente. Sé inteligente, conciso y sereno. Más que todo, sé encantador. Utiliza el humor y la humildad para motivar a la otra persona a que vea la situación desde tu punto de vista. Entonces, tú ganarás.

Regla de Oro 4
Escucha y vuelve a escuchar

El propósito de una discusión es explicarle a otra persona tus preocupaciones o perspectivas acerca de algo y lo ideal es que se una a tu manera de pensar. Expresarte con claridad es, por lo tanto, crucial, y hablaremos acerca de ello más adelante. Sin embargo, si tu intención es persuadir a la otra persona, debes escuchar lo que te dice.

> **Escucha, escucha, escucha. Es un consejo tan bueno que lo menciono tres veces.**

Existen tres razones importantes para ello:

- Solo persuadirás a una persona de algo si atiendes las preocupaciones que tenga.
- Deberás presentar tus argumentos en términos que la otra persona encuentre convincentes.
- Al guardar silencio (cuando escuches), darás tiempo suficiente a la otra persona para presentar sus argumentos. La debilidad de su perspectiva puede volverse más evidente, para ella misma y para los demás, y bien puede "salírsele de las manos".

Como regla general, debes invertir más tiempo en escuchar que en hablar. Procura escuchar durante 75% del tiempo que dure la conversación y expresar tus argumentos en el 25% restante.

Consejo: Tu estrategia será hablar, sin hablar, *con la otra persona.*

Hacer hablar a la otra persona

Escuchar parece ser la actividad más fácil del mundo pero, de hecho, es bastante difícil. La tentación es pensar lo que quieres decir cuando la otra persona está hablando. Puedes observar esta situación cuando un individuo interrumpe a otro: están tan enfocados en lo que quieren decir que no se escuchan.

Consejo: No interrumpas. Es una descortesía. Al interrumpir, estás comunicando que lo que tú quieres decir es mucho más importante que lo que la otra persona está diciendo.

Escuchar a otro individuo no solo significa guardar silencio cuando habla. Implica intentar comprender lo que ese individuo dice y por qué. Si no entiendes, solicita una aclaración. Algunas personas necesitarán ayuda para explicar su perspectiva. Además, como ya dijimos antes, algunos individuos solo expresan sus conclusiones y necesitan motivación para explicar sus razonamientos.

"Esto es muy interesante. Nunca había conocido a alguien que pensara que el mundo es plano. ¿Por qué opinas eso?"

Formular una pregunta a tu interlocutor es importante porque te revela cuáles son sus antecedentes y los fundamentos de sus argumentos. Solo hasta conocerlos puedes pretender desafiarlos.

Quizá descubras que la otra persona no sabe por qué opina de tal o cual modo. Tal vez, incluso, necesites ayudarle:

"Tú dices que los primos que se casan actúan de manera incorrecta. ¿Se debe a motivos religiosos? ¿O te preocupa que alguno de sus hijos tenga defectos de nacimiento?"

Desde luego, algunas personas (tal vez la mayoría) no han reflexionado acerca de los motivos por los que opinan de determinada manera.

Atiende los argumentos de la otra persona

Considera la siguiente discusión:

REGLA DE ORO 4: ESCUCHA Y VUELVE A ESCUCHAR

> **Incorrecto**
>
> Brian: No hay nada por hacer. Debemos despedir a Lucy.
>
> Sheila: Pero tiene dos hijos pequeños y sería cruel despedirla.
>
> Brian: Ella le cuesta mucho dinero a la empresa y necesitamos reducir nuestra nómina.
>
> Sheila: Pero ya se acerca la Navidad; será difícil para los niños.
>
> Brian: La empresa se irá a la quiebra si no reducimos nuestros gastos. Despedirla es la manera más fácil de reducir costos.
>
> Sheila: Eres cruel y despiadado.
>
> Brian: Debemos ser realistas.
>
> Sheila: No comprendes nada.

Esta discusión no marcha bien. El problema, tanto para Sheila como para Brian, es que no escuchan lo que el otro dice. Brian no está atendiendo la objeción real al despido propuesto. Él puede señalar tantos aciertos como desee acerca de la sabiduría financiera de la decisión, pero no atiende la preocupación central de Sheila respecto de los hijos de Lucy. De igual manera, Sheila puede anotarse tantos aciertos como quiera acerca de los niños, pero eso no es considerar el problema desde la perspectiva de Brian. Es como si intentaran jugar tenis juntos, pero golpeando pelotas distintas. La discusión no llegará a ninguna parte. Brian necesita convencer a Sheila de que el despido no será tan complicado para Lucy y su familia o pensar en una manera de suavizar el golpe. Quizá, por ejemplo, el despido podría ser pospuesto hasta después de Navidad. Sheila necesita sugerir otras estrategias para ahorrar dinero si lo que desea es persuadir a Brian de no despedir a Lucy.

Entonces, una parte clave para ganar una discusión es escuchar las declaraciones de la otra persona y atenderlas. Si no lo haces, continuarás exponiendo motivos con los que la otra persona no concordará y ninguno de los dos resolverá las razones de su desacuerdo.

¿Cuáles argumentos convencerán a la otra persona?

Lo que establece la diferencia entre un buen discutidor y otro excelente es quién puede presentar argumentos que convenzan a la otra persona. Tal vez cuentes con un montón de puntos magníficos para sustentar tu caso, pero necesitas elegir de tu arsenal aquellos argumentos que persuadan mejor a la persona con quien hablas. Por lo tanto, necesitas pensar la mejor manera de presentar dichos argumentos, de hacerlos más atractivos para la persona con quien discutes. Lo que quizá consideres como un argumento grandioso podría no ser tan bueno para tu interlocutor.

Considera esta discusión entre Alison y Charles:

> **Incorrecto**
>
> Alison: Las personas que reciben pensión por desempleo son fraudulentas, perezosas y vividoras.
>
> Charles: Eso no es justo. Mi amiga Mary ha intentado encontrar un empleo durante varios meses. Ella se esfuerza mucho y no es tan fácil.
>
> Alison: Bueno, leí un estudio en el periódico la semana pasada y decía que se pierden más de 12 millones de libras por año a través de los fraudes por pensiones de desempleo.
>
> Charles: Pero Mary no ha defraudado a nadie. Ella es una persona muy honesta.
>
> Alison: ¿Sabes la cantidad de nuestros impuestos que se destina a pagar pensiones por desempleo? Yo trabajo duro para ganarme mi salario y se destina a pagar pensiones a personas que no trabajan.
>
> Charles: Pero a mí no me preocupa que mi dinero llegue a personas como Mary. Ella se lo merece.

Este diálogo destaca un problema común cuando la gente discute. Algunas personas se enfocan en el panorama general. Encuentran estadísticas y estudios muy convincentes. Otras prefieren percibir las situaciones en relación con un caso en particular.

En la discusión entre Alison y Charles, él es del tipo de personas para quienes resulta más fácil considerar las situaciones cuando se enfocan en casos individuales. Entonces, si Alison quiere convencerlo de su punto de vista, debería darle ejemplos concretos de personas que son "fraudulentas, perezosas y vividoras". De igual manera, si Charles quiere convencer a Alison de su punto de vista, necesita encontrar estudios o la opinión de expertos para sustentarla. Ella parece ser del tipo de personas a quienes las historias de individuos no la convencen.

De hecho, es probable que para la mayoría de la gente sea convincente una mezcla de historias personales y estadísticas. Entonces, en especial si hablas a un grupo de personas o a un individuo que no conoces muy bien, intenta ofrecer argumentos basados tanto en el panorama general como en un escenario individual, como en el siguiente ejemplo:

Correcto
"Necesitamos reorganizar la disposición física de la oficina. Verán en los planos que les he entregado que esta propuesta creará un área de 250 pies cuadrados adicionales que podemos utilizar como espacio de oficina e instalar dos nuevos cubículos. El costo por pie cuadrado adicional solo es de sesenta libras. Consideren, por ejemplo, a Steven. En este momento está apretadísimo en un espacio diminuto y tiene que desperdiciar mucho tiempo en caminar hasta el otro lado de la oficina para llegar a su gabinete de archivo. Con mi propuesta, él podría estar mucho más cómodo y no perdería tanto tiempo."

El presentador se ha enfocado en cifras y estadísticas generales, pero ha dado un ejemplo individual de los beneficios de la propuesta.

¿Cuáles son los prejuicios y suposiciones de la otra persona?

Todos llegamos a las discusiones con prejuicios y suposiciones. Escucha con atención lo que dice la otra persona. ¿Cuáles son sus creencias? ¿Qué tipo de argumentos parecen ser los más convincentes para ella?

Recuerda que la persona a quien escuchas puede tener creencias nucleares que tú no vas a sacudir con una breve discusión. No convencerás a un estadounidense patriótico de que la política exterior de su país durante las últimas dos décadas ha sido profundamente errónea. Y una persona religiosa tiene más probabilidades de simpatizar con un argumento de bases religiosas que con uno basado en la presunción de que Dios no existe.

También hay que tener en mente algunos puntos que son menos evidentes. Todos tenemos ideas acerca de nosotros mismos. Poseemos una imagen particular y podemos perturbarnos sobremanera cuando resulta evidente que las otras personas no nos perciben como nosotros lo hacemos. En una discusión puede ser buena idea hacer referencia a valores que la otra persona tiene en alta estima.

> Bob: Sanjev, todo el mundo sabe que tú eres una persona que cumple con su palabra. Apenas el otro día Bárbara dijo: "en cuanto a Sanjev, su palabra es un compromiso". Así que no puedes romper la promesa que hiciste la semana pasada."

En esta discusión, Bob apela al sentido de identidad de Sanjev como persona confiable. A la mayoría de la gente le importa mucho su reputación y cuál es la opinión que los demás tienen de ella. Apelar a los valores nucleares de un individuo y procurar conectar tus argumentos con ellos resultará persuasivo.

> **Ejemplo útil**
>
> "Si haces esto, la gente pensará que eres deshonesto y manipulador. ¿Quieres que la gente te perciba como una persona de ese tipo?"

¿A quién respeta esa persona?

Descubrir a quién admira la persona con quien discutes es importante. Imagina que sabes que tu interlocutor es fiel seguidor de Barack Obama. Sería una herramienta poderosa si pudieras señalar que su perspectiva es contraria a la del presidente estadounidense. Cuando menos, debes ser capaz de decirle: "averigua si Barack Obama está en desacuerdo contigo. ¿No crees que al menos necesitas reflexionar con todo cuidado acerca de este tema?".

Esto también es importante cuando consideres cuáles estadísticas debes emplear. Si sabes que la otra persona apoya, digamos, a determinada organización de beneficencia a favor de los niños, intenta averiguar un estudio elaborado por dicha institución que apoye tu conclusión. En última instancia, evita las estadísticas provenientes de organizaciones a las que se oponga la persona con quien discutes. Un ateo militante no quedará convencido por un reporte acerca del poder de la oración preparado por la Iglesia de Inglaterra. Esta persona se convencería más si pudieras encontrar un reporte elaborado por un ateo en el que se concluya que la oración puede aportar algún beneficio.

Encuentra un territorio común

Una clave para el éxito en una discusión es encontrar algún territorio común. ¿Hay algunos hechos en los que ambos estén de acuerdo? A menos que existan, resulta difícil proceder. Considera esta discusión entre padre y madre:

Correcto

Mamá: Debemos impedir que Tom vea *Dr. Who*. Ve demasiada televisión.

Papá: De acuerdo, pero le encanta *Dr. Who*. Será muy difícil impedírselo.

Mamá: Sí, pero ¿estamos de acuerdo en que Tom dedica demasiado tiempo a ver televisión?

> Papá: Sí, estoy de acuerdo.
>
> Mamá: ¿Y en que hoy ya estuvo dos horas frente al televisor?
>
> Papá: Es verdad.
>
> Mamá: Entonces ya no debe ver más televisión.
>
> Papá: Buen punto. Grabemos la serie y podrá verla mañana.
>
> Mamá: Buena solución. ¿Podemos decir que juntos hemos establecido la regla absoluta de que Tom no puede dedicar más de dos horas diarias a ver televisión?
>
> Papá: Sí, es una buena regla.

Esta discusión marchó bien, aunque con facilidad pudo resultar mal. Mamá hizo bien en establecer algunos hechos en los que ambos pensaban lo mismo. Una vez que papá vio los puntos clave, se mostró de acuerdo y juntos fueron capaces de encontrar una solución.

Hay otra lección en esta discusión: el uso de los pronombres puede ser importante. Hablar en términos de "nosotros" involucra a la otra persona y es una manera útil de resaltar los acuerdos entre ambos.

> **Ejemplos útiles**
>
> "Intentemos establecer lo que hemos acordado."
>
> "¿Podrías explicármelo de nuevo? Me cuesta trabajo comprender tu punto."
>
> "Necesitamos encontrar una solución para este problema y con la cual ambos podamos vivir."

Identifícate con los aspectos positivos de la otra persona. Siempre que sea posible, encuentra áreas comunes:

"Estoy de acuerdo en que has expuesto algunos puntos geniales en esa presentación. Sin embargo, necesitamos comparar las desventajas contra los beneficios."

A todo el mundo le agradan los elogios y, aunque parezca pasado de moda, la adulación. ¡El hecho de que te encuentres en plena discusión con alguien no significa que no puedas ser amable con esa persona!

Pero ¿qué ocurre si no están de acuerdo en los hechos?

En ocasiones no es posible estar de acuerdo en los hechos. En este caso, puede ser que la discusión no vaya a ninguna parte. En la discusión entre los padres, por ejemplo, si no hubieran estado de acuerdo en que Tom había mirado la televisión ese día, habría sido difícil resolver la discusión.

A veces es útil proceder en una discusión con base en que un hecho en particular es cierto. Por ejemplo, podrías decir: "mira, asumamos que X es verdadero; si es así, estoy de acuerdo contigo". Tú dejas claro que no necesariamente consideras que X es verdadero y, de hecho, si resulta ser que no lo es, tú defiendes tu posición.

Esta técnica es particularmente útil si crees que tienes un caso sólido, incluso si tu argumento es erróneo.

> Bob: Tú crees que deberíamos despedir a Lisa porque nos ha mentido. Hecho en el que no estamos de acuerdo pero, por el momento, asumamos que lo hizo. Incluso así, yo pienso que no debemos despedirla. Nunca antes ha mentido y es una empleada muy trabajadora.

A menos que Bob haga este movimiento táctico, la discusión puede quedarse atascada en el debate de si hubo o no una mentira de por medio. Sin embargo, si Bob triunfa con el argumento de que Lisa debe conservar su empleo, haya mentido o no, el hecho de la mentira es mucho menos importante.

Una táctica similar puede emplearse para encontrar una "solución contingente" a la discusión:

> Wu: Bueno, sé que no estamos de acuerdo en cuánto dinero costará este proyecto pero ¿qué opinan de esta solución? Pediremos al departamento de costos que haga una cotización. Si el departamento decide que cuesta menos de 30 mil libras, seguiremos adelante, pero si es más, no lo haremos.

En un caso como este, en el que los hechos son desconocidos o están en disputa, no tiene mucho sentido continuar con la discusión hasta conocer los resultados. Lo más recomendable sería suspender la discusión hasta conocerlos o llegar a un acuerdo que dependerá de los mismos, una vez que se divulguen.

Resumen

Entonces, en todos los sentidos, escuchar tiene sus ventajas. Conocerás los contra-argumentos de la otra persona, mismos que puedes utilizar. Descubres su perspectiva y luego decides qué enfoque podría convencerla mejor de tu punto de vista. Y, ¿quién sabe?, cuando le das rienda suelta para que hable, bien podría crear por sí misma un enorme agujero del que no pueda salir. Por lo tanto, escucha, escucha, escucha. Lo mencioné tres veces y no es fortuito.

En la práctica

Cuando escuches, ten cuidado de no pensar en lo que dirás a continuación. Practica la escucha atenta, en la que digieres con exactitud lo que esa otra persona te dice. Al hacerlo, agregarás profundidad a tu propio argumento y serás capaz de encontrar un territorio común a partir del que ambos puedan avanzar.

Capítulo 5

Regla de Oro 5
Domina el arte de responder a argumentos

Como ya dije en numerosas ocasiones, discutir bien significa no solo expresar lo que deseas, sino también responder a los argumentos que la otra persona ha expuesto. La mejor forma de discutir implica presentar tus mejores argumentos y buscar oponerte a los de la otra persona.

Existen tres maneras de responder a un argumento:

- Desafiar los hechos sobre los que se basa la otra persona.
- Desafiar la conclusión a la que ha llegado.
- Aceptar el punto que la otra persona ha expresado, pero agregar que existen otros puntos que superan lo que te ha dicho.

Esto quedará más claro si analizamos algunos ejemplos.

Todos los ingleses se visten mal. La Reina es inglesa; por lo tanto, la Reina viste mal.

Aquí hay dos premisas: que todos los ingleses visten mal y que la Reina es inglesa. A partir de ellos obtenemos la conclusión de que la Reina viste mal. La lógica aquí es impecable, pero si desearas restarle valor al argumento, puedes desafiar la primera premisa: ¿es correcto decir que todos los ingleses visten mal? ¿Puedes pensar en algún inglés que vista bien? (¡Tal vez no!) Podrías desafiar la segunda premisa, que la Reina es inglesa, pero parece más difícil de lograr. Como demuestra este ejemplo, en ocasiones no puedes rechazar la lógica del argumento, pero sí puedes desafiar la precisión de las declaraciones (premisas) empleadas como base de dicho argumento.

El Papa es católico. El Papa se opone al aborto. Todos los católicos se oponen al aborto.

Para este argumento hay dos premisas: la mayoría de la gente estará de acuerdo en que el Papa es católico y en que se opone al aborto. Sin embargo, aquí la conclusión no se deriva de las premisas. El hecho de que una persona que pertenece a determinado grupo tenga una opinión no significa que todo el mundo la comparta.

He aquí otro argumento erróneo:

Un plátano es una fruta. Un plátano es amarillo. Toda la fruta es amarilla.

En estos dos argumentos, las conclusiones dudosas provienen de hechos indiscutibles. Por lo tanto, las conclusiones no siempre fluyen de los hechos. Desafiar la conclusión a la que la otra persona ha llegado es la segunda manera eficaz de responder a un argumento.

La tercera manera de desafiar un argumento es aceptar las premisas y la conclusión, pero agregar que el argumento ignora otros factores.

Caminar a la escuela es saludable. Nosotros queremos ser saludables. Deberíamos caminar a la escuela.

Aunque asumamos por un momento que las premisas y la lógica de este argumento son correctas, como es probable que lo sean, este no es el final de una discusión. Quizá deseemos ser saludables, pero hay otras cosas que también queremos (por ejemplo, llegar a la escuela a tiempo, llegar con un estado de ánimo alegre) y que necesitan ser sopesadas contra este argumento. De igual manera, existen formas diferentes de ser más saludables y que podríamos incluir en nuestro día con más facilidad. Entonces, aunque caminar a la escuela es loable, la conclusión a la que llegamos podría ser desafiada al mencionar otros factores que podrían relacionarse con esta situación en particular.

Veamos con mayor detalle las distintas maneras de responder a argumentos.

Desafiar los hechos

Imagina que Bob dice esto:

"Las temperaturas promedio en el Reino Unido han disminuido, no aumentado; por lo tanto, hablar del calentamiento global es una tontería."

Una forma en la que una persona preocupada por el calentamiento global podría responder es desafiando la base factual del argumento. Quizá pueda presentar una encuesta que demuestre que, de hecho, las temperaturas promedio en el Reino Unido han aumentado.

Como ya hemos visto, las estadísticas y los estudios pueden inducir al error. Comprendimos con la Regla de Oro 1 con cuánta facilidad podemos utilizar mal las estadísticas. Recuerda algunas de las preguntas que debemos hacernos acerca de éstas:

- ¿Quién elaboró el estudio? ¿Fue independiente?
- ¿Cuán amplia fue la muestra? ¿Fue representativa?
- ¿Qué es lo que el estudio demuestra con exactitud?

Es fácil quedarnos atrapados en la "ciencia". Ten cuidado si alguien intenta aturdirte con palabras rimbombantes. Madsen Pirie, un experto y líder en lógica, aporta un ejemplo de cómo algo muy simple puede volverse muy complejo:

El pequeño y domesticado cuadrúpedo carnívoro se posicionó en modo sedentario en relación superior con la tela superficial horizontal de tejido de junco de textura burda.

O en palabras más sencillas: ¡el gato se sentó encima del tapete!

Un truco común al discutir es hacer que algo suene complicado. Entonces, tú no serás capaz de comprenderlo y presentar un argumento contrario. De hecho, el truco es hacerte creer que no eres lo bastante inteligente como para entender el punto de tu interlocutor y, por lo tanto, accederás a cualquier cosa que diga. Esto es particularmente común en el ámbito académico. Mi experiencia es que, de hecho, las personas que en verdad son inteligentes tienen la capacidad de explicar sus ideas de manera muy directa y clara. La gente menos inteligente siente la necesidad de disfrazar sus ideas con palabras rimbombantes y expresiones complejas. Nunca debes sentir vergüenza de pedirle a alguien que te explique lo que dice en términos que una persona con inteligencia razonable pueda comprender. Si no puede, ¡la falla es *de él*, no tuya!

Consejo: *Algunas personas parecen vivir bajo el precepto de "nunca usar una palabra de cuatro letras cuando una de 14 funcione bien". ¡Ten cuidado con ellas!*

Depender de expertos puede ser un problema si asumes que, como son diestros en un área, lo son en todas. Desde luego, podemos ver que son reconocidos en un campo en particular, pero en muchas otras áreas tú podrías estar más versado. Por ningún motivo escuches a un académico avezado en el tema de los automóviles (esta presunción es un ejemplo de mis inclinaciones). Conozco a numerosos profesores que son expertos mundiales en sus áreas, pero hay muy pocos de ellos cuya opinión sobre quién es el mejor barbero de Oxford yo aceptaría; de hecho, ¡su apariencia me indica con mayor claridad quiénes son los peores!

Es notable cómo la prensa, en particular, está ansiosa por escuchar los puntos de vista de un experto en un área y asumir que también lo es en todas. Las estrellas de cine, por ejemplo, suelen opinar acerca de complejos asuntos políticos y se les solicitan sus reflexiones a este respecto, información que sería mejor escuchar de boca de un analista en el tema.

Siempre es inteligente preguntar a los expertos qué es lo que opinan otras personas al respecto. En mis conferencias, siempre tengo la cautela de dejar claro lo que se conoce como un hecho, lo que la mayoría de los académicos opina sobre un tema, lo que no sabemos de cierto y lo que yo opino (que no siempre es lo mismo). Entonces, lo común es que diga: "la perspectiva general entre los abogados es que las cortes interpretarán la ley de esta manera, pero mi punto de vista personal es que las cortes deberían interpretarla de otra forma. Permítanme proporcionarles los argumentos de ambas partes...". Un buen experto debe ser capaz de expresar con facilidad no solo sus opiniones, sino también las de otras personas reconocidas en su campo.

Entonces, nunca sientas ansiedad al desafiar los hechos. Si crees que podrían ser erróneos, es probable que otras personas consideren lo mismo. Al desafiar los hechos, quizá recibas una respuesta que en realidad les agregue sustancia. Esto podría significar que la discusión tiene posibilidades de avanzar hacia una resolución. Sin embargo, los hechos podrían no soportar cuestionamientos. No lo sabrás hasta que no los desafíes. Si existe alguna duda en tu mente, verifica los hechos antes de dar el siguiente paso.

Desafiar las conclusiones

Recuerda el argumento de Bob:

"Las temperaturas promedio en el Reino Unido han disminuido, no aumentado; por lo tanto, hablar del calentamiento global es una tontería."

Quizás aceptes la premisa de Bob (que las temperaturas promedio en el Reino Unido han disminuido) para declarar que su conclusión es errónea. Por ejemplo:

"Bob, tienes razón en que las temperaturas promedio en el Reino Unido han disminuido, pero en muchas otras partes del mundo han aumentado. Tal vez aquí hace más frío, pero eso no significa que el mundo en general no sea más cálido."

Desafiar la conclusión es útil cuando los hechos, por sí mismos, no están en disputa, pero tú crees que la lógica que conduce a la conclusión es fallida. Un aspecto particular es cuando los hechos individuales conducen a conclusiones generalizadas (como en el ejemplo del Papa, que es católico y se opone al aborto). De vez en cuando se reporta un caso en los periódicos que produce lo que parece ser un resultado injusto y, como es natural, el clamor se incrementa: "hay que cambiar la ley". Pero necesitamos ser cautelosos. El simple hecho de que la ley actual haya producido un resultado injusto no significa que una ley enmendada no produzca lo mismo. De hecho, puede suceder que, sin importar lo que diga la ley, existirán algunos casos en los que se cometan injusticias.

Entonces, si deseas desafiar la conclusión de otra persona, lo recomendable es que argumentes que su conclusión no proviene de su premisa. Juntos pueden llegar a otras conclusiones. Pregunta a la persona con quien discutes por qué llegó a esa conclusión y no tomó en cuenta otra alternativa. Considera el siguiente ejemplo:

Correcto

Bob: Su hijo bosteza constantemente en mi clase. Resulta evidente que necesita dormir más.

Mary: Bueno, podría bostezar porque está aburrido en lugar de cansado. Ningún otro profesor reporta esos bostezos en clase. Si estuviera cansado, lo natural sería que bostezara en todas las clases.

En este ejemplo, Mary ha demostrado con toda efectividad que podrían surgir varias conclusiones a partir de la premisa de Bob: que el hijo de Mary bosteza en su clase. Bob ha concluido que esto se debe a que el chico está cansado. Sin embargo, como Mary ha señalado, existe otra conclusión que podría resultar de la premisa: el niño puede estar aburrido. Mary ha presentado evidencias que sugieren que la conclusión de Bob tiene menos probabilidades de ser correcta que la de ella.

Desafiar con otros factores

En una discusión resulta muy útil aclarar si rechazas o no el valor del argumento de la otra persona o si sugieres que su punto queda superado por otros factores. Considera, por ejemplo, que dos personas discuten si contar con un nuevo supermercado en su ciudad mejorará la vida de sus habitantes. La persona que está a favor del supermercado podría decir:

"Esta es una excelente noticia porque contaremos con un rango mucho más amplio de productos disponibles en la ciudad que el que tenemos en este momento."

La otra persona tiene dos opciones. Una podría ser rechazar el argumento:

"No creo que sea correcto porque la inauguración del supermercado obligará a que muchas de nuestras tiendas especializadas cierren y terminaremos con menos opciones."

O puede aceptar el punto, pero dirigir la atención de su oponente a otros factores que deben ser considerados dentro del balance:

"Tienes toda la razón en cuanto a que contaremos con un rango más amplio de productos. No obstante, habrá más tránsito en la ciudad. Necesitamos decidir qué es más importante: tener un rango más amplio de productos o una ciudad tranquila."

Intenta ser tan claro como puedas en cuanto a si estás de acuerdo con el punto de la otra persona o no. De lo contrario, quizá tu interlocutor lo repita. Compara los siguientes dos ejemplos:

Incorrecto

Max: Deberíamos ir a casa de mi mamá para Navidad porque ella se sentirá muy triste si no asistimos.

Susan: Nos divertiremos más si vamos a la casa de mi hermana Beth.

Max: Creo que no lo ves desde el punto de vista de mi mamá.

Susan: Necesitamos pensar qué es lo mejor para nosotros.

> **Correcto**
>
> Max: Deberíamos ir a casa de mi mamá para Navidad porque ella se sentirá muy triste si no asistimos.
>
> Susan: Buen punto. A ella le encanta que la visitemos, pero hemos ido con ella los últimos tres años y sería muy divertido si fuéramos a la casa de mi hermana Beth.
>
> Max: Tienes razón, siempre la pasamos muy bien en la casa de Beth. Es una excelente anfitriona. ¿Hay alguna manera de visitarlas a ambas en Navidad?

La segunda discusión es mucho mejor porque ambos reconocen que el otro ha dicho algo importante y dejan claro que aceptan la contundencia de lo que se dice.

Otra técnica común al discutir es formar una alianza con el interlocutor mediante el énfasis al territorio común. Considera este punto:

"Todos queremos tomar la decisión que sea más conveniente para la empresa y, por lo tanto, debemos aceptar este plan."

Se ha transmitido el mensaje de que aquellos que no apoyen el plan no buscan lo que sea más conveniente para la empresa. De manera similar, revisa este argumento:

"Todos somos musulmanes en esta sala y, por lo tanto, debemos combatir la inmoralidad y oponernos a este plan."

Una vez más, el público recibe la impresión de que el apoyo al plan será desleal al Islam. Desde luego, la impresión puede ser incorrecta, pero es una técnica que logra que el argumento suene más atractivo.

Resumen

Entonces, recuerda que al avanzar en una discusión, tú puedes aceptar los hechos y las conclusiones iniciales de tu adversario, pero aún encontrar puntos que superen su argumento y que hagan más atractiva tu conclusión. Al presentar otras maneras de percibir la situación o al aportar material adicional que quizá no había sido considerado, tú puedes lograr que la discusión se incline a tu favor. "Piensa fuera de la caja" y no te limites a una manera prescrita de analizar una situación. La discusión imaginativa puede llevarse el triunfo cuando encuentres puntos que superen a los de tu oponente.

En la práctica

Escucha con mucha atención a la persona con quien discutes. Revisa que haya comprendido tus puntos. ¿Cuáles problemas son los que en realidad le preocupan? ¿Qué tipo de argumentos serán más persuasivos para ella?

Capítulo 6

Regla de Oro 6
Ten cuidado con los trucos astutos

Existen algunos trucos reprobables que la gente puede poner en práctica al discutir. He aquí algunos. Cuida que tu oponente no los utilice en tu contra.

> **En las discusiones debes ser sutil y mantenerte vigilante, alerta y curioso.**

Atacar a la persona

Lady Astor a Churchill: Winston, si fueras mi esposo endulzaría tu café con veneno.

Churchill: Madame, si yo fuera su esposo, me lo bebería.

Una manera común de pelear es evitar la discusión y atacar a la persona. Para aquellos a quienes les agrada el inteligente sonido del latín, en ocasiones a esto se le conoce como argumento *ad hominem* (al hombre). Considera lo siguiente:

> **Incorrecto**
>
> Alf: Creo que debemos tomar en cuenta los valores éticos al desarrollar nuestra política de inversiones.
> Susan: Mira quién habla de ética: revisa tu vida personal.

Es poco probable que la respuesta de Susan sea considerada productiva. Sin duda irritará a Alf y no es muy posible que resulte atractiva para quienes escuchan. De hecho, podría causar que sientan pena por Alf y lo apoyen cuando quizá no lo hubieran hecho. Lo mejor que puede hacer Alf es intentar enfocarse de nuevo en el asunto:

> Alf: Bueno, podemos charlar acerca de mi vida personal en otra ocasión, si lo deseas, pero aquí estamos discutiendo el desarrollo de nuestras políticas de inversión.

Desde luego, puede haber ocasiones en las que una respuesta personal sea apropiada. Quizá cuando discutas las cualidades de un individuo para un empleo o asuntos de moralidad personal. En todo caso, por lo general debes ser muy cauteloso en cuanto a atacar a una persona, en lugar de al argumento. Es raro que esto te lleve a alguna parte.

Consejo: Evita frases como:

- *"Eres imposible."*
- *"Te crees muy inteligente."*
- *"No tiene sentido discutir contigo."*

Ten cuidado con la causalidad

Un error común con las estadísticas y las encuestas es asumir la causa detrás de un hecho en particular. Por ejemplo, en ocasiones se declara que la gente debería casarse porque las personas solteras sufren índices más altos de pobreza. La sugerencia es que las personas solteras serían más ricas si se casaran, por lo que ese argumento asume que la soltería causa pobreza. Pero esa presunción no tiene fundamento. En lugar de ello, podría decirse que la gente pobre tiene menos probabilidades de casarse. De igual manera, es verdad que es más probable que quienes se someten a una dieta sean más obesos que quienes no lo hacen. No obstante, ¡esto no significa que someterte a una dieta te provoque obesidad! Errores de este tipo surgen con regularidad.

- "Siempre que las ventas de helado se incrementan, también lo hacen los ataques de tiburones." (Entonces, ¿comer helado te hace delicioso?)

REGLA DE ORO 6: TEN CUIDADO CON LOS TRUCOS ASTUTOS

- "Mientras más economistas son reclutados en la Tesorería, más se incrementa la inflación." (¿Los economistas causan la inflación?)
- "A medida que se incrementa el vocabulario en la infancia, más aumenta el apetito." (¿Hablar te provoca más hambre?)

Si existe alguna evidencia de que dos hechos están vinculados, no asumas que uno causa el otro. Como demuestran estos ejemplos, asumir lo anterior puede llevarte al error. De hecho, encontrar causas puede resultar muy difícil. Se han realizado muchas investigaciones para descubrir qué hace que la gente sea esbelta u obesa o qué provoca que fume. No es sorprendente que la respuesta sea todo un conjunto de factores. Y mantente alerta en cuanto a que tu oponente asuma que un hecho causa el otro. Es una manera certera de encontrar un agujero en su argumento.

Es fácil caer en el error de asumir que, porque una causa común de B es A, entonces si B ocurrió, también A. Considera este argumento:

Cuando Bob se emborracha, no se presenta a trabajar. Bob no ha llegado a trabajar; por lo tanto, está borracho.

Desde luego, esta no tiene que ser una conclusión lógica. Bob puede no haber llegado a trabajar por numerosas razones, además de haberse emborrachado. Los lógicos llaman a esto "el peligro de afirmar la consecuencia". Como es natural, si lo común es que Bob falte a trabajar porque ha bebido, es muy probable que este sea el motivo de su ausencia. No obstante, no debemos asumir que así es necesariamente.

Entonces, cuando discutas, revisa si tu oponente argumenta que algo es como es porque así le parece con base en lo que antes sucedió. Haz que acceda a demostrar lo que en realidad ha ocurrido antes de aceptar que su conclusión es correcta.

Los riesgos de las negativas

Existen riesgos en las discusiones que se basan en lo que las estadísticas no han demostrado. Por ejemplo, considera este argumento:

> Se han gastado muchos millones de libras en intentar encontrar extraterrestres y no han hallado ninguno; por lo tanto, no existen.

Desde luego, el hecho de que los estudios no hayan demostrado algo no significa que sea mentira o, incluso, verdad. Muchas mentes grandiosas han ponderado la cuestión de si Dios existe, con distintas conclusiones. Pero el hecho de que nadie haya sido capaz de demostrarlo no significa que no pueda existir. De igual manera, el hecho de que nadie haya sido capaz de demostrar lo contrario no prueba que sí exista.

Toma en cuenta que donde falta evidencia tendemos a depender de lo que normalmente esperamos que ocurra. Si yo te dijera que conocí ayer a la Reina y te mostrara una fotografía fechada de nosotros dos, parados lado a lado, esto podría ser suficiente para convencerte de que lo que te dije es verdadero. Sin embargo, si yo te dijera que ayer conocí a un marciano y te mostrara una fotografía, es probable que no te persuadiera. De hecho, yo tendría que mostrarte una enorme cantidad de evidencias para lograrlo. Esto se debe a que no es imposible que yo conozca a la Reina, pero la mayoría de la gente posee una firme convicción de que los marcianos no existen.

De igual manera, en el trabajo, alguien podría decir que el último negocio que tu empresa hizo con la empresa X no funcionó bien. Este punto es interesante, pero no significa que todos los negocios que hagan con esta empresa serán fracasos.

Los riesgos del "proceso ilícito"

Un error común en un argumento es el "proceso ilícito". Este concepto se demuestra mejor con un ejemplo:

Todos los vegetarianos desaprueban el consumo de carne. A todos los vegetarianos les preocupa el calentamiento global. Por lo tanto, todas las personas preocupadas por el calentamiento global son vegetarianas.

Desde luego, esta no es una conclusión aceptable. El hecho de que algunas personas preocupadas por el calentamiento global son vegetarianas no significa que todas las que se preocupan por ese tema lo sean. Aquí se ha presentado un "proceso ilícito" entre un hecho y el otro. No te dejes envolver en argumentos de este tipo. Prueba con atención si tu interlocutor asume que toda la gente de un tipo particular es igual.

La elección falsa

Emplear una elección falsa es una herramienta común al discutir. Significa presentar solo dos opciones al interlocutor. George W. Bush se volvió famoso por esto cuando se refirió a la guerra contra el terrorismo:

"Estás con nosotros o en contra de nosotros."

Esto solo te ofrece dos opciones: estar de acuerdo o en desacuerdo. Desde luego, quizá quieras estar de acuerdo en parte o no estar ni a favor ni en contra de la propuesta; no obstante, el recurso retórico cierra estas opciones para el interlocutor.

Los padres pronto se vuelven expertos en esta táctica:

"Puedes comerte los vegetales o irte directo a la cama."

En realidad existen muchas otras opciones para el hijo, pero el padre solo le ha presentado dos.

Como demuestran ambos ejemplos, la "bifurcación", para darle su nombre técnico, es una forma particularmente popular de argumento en el que una de las alternativas se presenta como muy desagradable. El niño no quiere irse a la cama, de manera que acepta la opción de comerse los vegetales. Aquellos que escucharon a George W. Bush y que no querían inclinarse a favor de los terroristas se quedaron con la opción de apoyarlo, incluso cuando eso significó aliarse con un hombre que dijo:

"Les digo que existe un enemigo a quien le complacería atacar a Estados Unidos, a los estadounidenses, una vez más. Así es. Esa es la realidad del mundo. Y yo le deseo lo mejor." **George W. Bush**

En ocasiones, un buen argumentador puede volver el argumento de bifurcación en su contra. Considera el siguiente:

"Si construimos una nueva estación ferroviaria aquí, estará vacía y será un desperdicio de dinero, o estará llena y las calles aledañas no podrán darse abasto."

Una buena opción podría ser:

"Si construimos una nueva estación ferroviaria aquí, estará vacía y las calles aledañas se darán abasto con el tránsito o estará llena y habrá sido un éxito financiero."

Más aún, el argumento de elección falsa es una muestra de uso particular de la carga de pruebas, el mejor ejemplo es la apuesta de Pascal. Blaise Pascal fue un reconocido matemático y filósofo que vivió en el siglo XVII. Él produjo lo que creyó que era un argumento convincente para determinar por qué toda la gente debía creer en Dios. Decía así: "existe un Dios o no existe. Si existe un Dios y tú no crees en él, podrías ir al infierno. Si Dios no existe y tú crees en él, quizá te diviertas menos en la vida pero no te pierdes de mucho. Por lo tanto, es mejor creer en Dios". Podemos escuchar otra versión de este argumento en el debate acerca del cambio climático:

"Si el cambio climático es causado por el hombre y disminuimos nuestras emisiones de dióxido de carbono, podríamos salvar al planeta."

"Si el cambio climático no es causado por el hombre y disminuimos nuestras emisiones de dióxido de carbono, no perdemos nada y quizá solo sufriríamos algunos daños económicos."

Una vez más, la opción se presenta de tal manera que existen dos alternativas: una tiene una pérdida potencial terrible (condenación eterna, pérdida del planeta) y solo una leve desventaja (menos diversión en la vida, algún daño económico); la otra no presenta pérdidas terribles pero sí un enorme beneficio potencial (la vida eterna, salvar al planeta).

Si se presenta de esta manera, el argumento parece motivar a optar por creer en Dios y a disminuir las emisiones de dióxido de carbono.

En muchos sentidos, estos argumentos son persuasivos pero puede resultar difícil convencer a la gente de que debe evitar las horribles posibilidades ya mencionadas, incluso al costo de alguna inconveniencia menor.

La mejor manera de contrarrestar estos argumentos es sugerir que no son tan abruptos como las dos posibilidades mencionadas. En relación con Dios existe la pregunta reside en la parte de en cuál dios creer. Hay numerosos dioses y, si tú eliges el equivocado, tal vez podrías terminar condenado. De igual manera, en relación con las emisiones de dióxido de carbono, el argumento oculta la opción de reducir un poco las emisiones de este compuesto químico con menos pérdidas económicas.

Una alternativa es explorar la probabilidad de que los eventos sean verdaderos. Si tú crees que es posible, pero muy poco probable, que exista un Dios, quizás opines que vale la pena correr el riesgo de la condenación eterna con la finalidad de disfrutar de los "placeres" de este mundo. Sin embargo, si crees que es muy probable que el cambio climático sea causado por el hombre, el argumento presentado antes puede resultarte abrumador.

Cuando te enfrentes a un argumento de elección falsa, primero reconócelo como tal: una elección falsa. Puedes explorar la probabilidad de que los eventos sean verdaderos, así como buscar maneras en que los argumentos no sean tan absolutos como parecen. De esta forma puedes aportar significado a la discusión y profundidad al argumento.

Generalizaciones

Siempre es tentador, al participar en una discusión, hacer generalizaciones:

"Tú nunca lavas los trastes."

"Los políticos no comprenden lo que es ser pobre."

Lo que en realidad busca este tipo de comentarios es causar problemas. Casi siempre es posible pensar en excepciones. La persona con quien discutes puede, con toda facilidad, presentarte un ejemplo contrario ("bueno, lavé los trastes el domingo pasado"). En ese momento, tu punto se debilita y, de hecho, quedas expuesto a que te ataquen con acusaciones de que exageras o mientes. En los ejemplos anteriores, si desearas expresar ese mismo punto, podrías hacerlo de una forma que resulte más atractiva:

"Tú no lavas los trastes con mucha frecuencia."

"Muchos políticos no comprenden lo que es ser pobre."

Desde luego, estas declaraciones aún podrían no ser ciertas, pero tienen más probabilidades de ser verdaderas que las generalizaciones que mencionamos primero.

Sé cuidadoso con el uso de casos individuales. Considera lo siguiente:

"Todo el mundo es muy grosero en estos días. Ayer una persona me golpeó y ni siquiera se disculpó; solo continuó con su camino."

En este caso es fácil desafiar el ejemplo proporcionado. Podrías ofrecer posibles razones para lo que sucedió, que explicarían la aparente descortesía. Quizá la persona que lo golpeó no hablaba español y, por lo tanto, no pudo disculparse. Sin embargo, por lo regular una mejor manera de responder es presentar ejemplos propios en los que la gente no se comporte grosera. De hecho, si lo que intentas es demostrar que una generalización es falsa, te encuentras en una postura más fuerte que la de quien intenta demostrar que no lo es. Entonces, para disputar esta reclamación:

"Todos los ingleses son buenos para hacer filas."

Necesitas mostrar un solo ejemplo que rebata esta afirmación. Pero, lo típico es que, para sustentar una declaración de este tipo (que bien puede tratarse de un caso único), se utilice un caso singular.

REGLA DE ORO 6: TEN CUIDADO CON LOS TRUCOS ASTUTOS

Casos similares

Un principio clave de la lógica es que, si dos casos son iguales, entonces es necesario proporcionar una razón para no tratarlos de la misma manera. Por lo tanto, una herramienta popular al discutir es proponer la situación análoga:

"Tú dices que debemos impedir que la gente fume porque ese hábito causa enfermedades. ¿Apoyas entonces que impidamos que la gente coma alimentos grasosos?"

Este es un argumento perfectamente justo. Es útil porque esclarecerá por qué la persona piensa de esa manera. Bien podría subrayar el hecho de que su opinión se basa en el prejuicio. Si el opositor del cigarrillo replicara:

"Bueno, en verdad disfruto mucho la comida rápida, así que no quisiera prohibirla."

Entonces quedaría expuesto a la acusación de que desea prohibir los vicios que tienen otras personas, ¡pero no los propios! Esta persona tendría que presentar una buena razón para distinguir los casos o aceptar que ambos son iguales. Por lo tanto, en lugar de ello, podría argumentar:

"Bueno, la vasta mayoría de los fumadores muere a causa de enfermedades relacionadas con el tabaquismo, pero muy pocos consumidores de alimentos no saludables mueren a causa de su dieta."

Como cabe esperar, sería necesario respaldar estas declaraciones factuales. Como alternativa, esta persona podría argumentar:

"Sí, de acuerdo. Como ciudadanos, tenemos la obligación unos con otros de cuidar nuestra salud. Todas las conductas que claramente no sean saludables deberían estar prohibidas, ya sea fumar o comer alimentos chatarra."

Para que funcione la táctica de los "casos similares", quizá necesites aplicar tu posición a lo que podría parecer una perspectiva extraña, aunque no necesariamente errónea. Digamos, por ejemplo, que tú estás en contra de la discriminación sexual. Entonces, alguien te pregunta: "bueno, ¿crees que las mujeres deberían ser capaces de convertirse en boxeadoras?". La respuesta debe ser: "sí, ¿por qué no?". Si estás comprometido con tu principio, a menos que tengas una buena razón para no hacerlo, debes aferrarte a él, incluso si las consecuencias parecen desagradables. Pero ten cuidado porque podrías ser víctima de una trampa. "¿Un director de cine tiene derecho a negarle a una mujer el papel de Winston Churchill?" La respuesta podría ser: "sí; siempre que no le niegue el papel solo porque se trata de una mujer, es permisible. Si otros candidatos interpretan mejor a Churchill, quizá sean más aptos para el papel".

Maniobras de distracción

Estas son importantes. Implican introducir material que es irrelevante por completo.

> **Incorrecto**
>
> Sami: ¿Cómo te atreviste a olvidar mi cumpleaños?
>
> Raj: ¿Sabes? ¡Luces guapísima cuando te enojas!

Aquí, con toda claridad, Raj está consciente de que no tiene excusa alguna para haber olvidado el cumpleaños de Sami, de manera que intenta introducir un nuevo tema de conversación con el que se siente mucho más cómodo: la belleza de su novia.

Esta es, de hecho, una manera de manejar una discusión en ciernes en situaciones sociales.

"Bueno, esta es una discusión muy interesante, pero me temo que debo prepararme para salir. ¿Te conté que vamos a ir a ver esa película nueva?"

A menudo ambas partes, si existe amistad o afecto entre ellas, se sienten más que felices de evitar el controversial asunto y comentar el más placentero tema de la película. Por lo regular, la introducción de una maniobra de distracción es una invitación a abandonar la discusión y conversar sobre un asunto distinto. Tú necesitarás decidir si aceptas esa invitación o no.

Algunas maniobras de distracción son intentos deliberados de confundirte.

Incorrecto

Alf: El aborto es un asesinato que debería declararse ilegal.

Brian: Es un comentario muy fuerte; ¿por qué crees que es un asesinato?

Alf: Bueno, porque implica matar a un niño.

Brian: Pero en realidad no es un niño, todavía no tiene sentimientos ni pensamientos.

Alf: Bueno, Brian, tú no eres padre y no creo que comprendas nada sobre los niños.

De manera deliberada, Alf ha cambiado el punto central de la conversación. Brian necesita retomarla.

Sin embargo, no todas las maniobras de distracción son bienvenidas. Regresemos al ejemplo del hombre que olvidó el cumpleaños. Estoy seguro de que todos hemos deseado hacerle un reproche a alguien por alguna situación, solo para encontrarnos con que esa persona cambia el tema que deseamos comentar. ¡Puede ser muy irritante! Ambas partes necesitan ser cautelosas con esto. La maniobra de distracción puede ser una clara señal de que no deseas discutir en ese momento, pero fíjate si la otra persona muerde la carnada.

> **Correcto**
>
> Sami: ¿Cómo te atreviste a olvidar mi cumpleaños?
>
> Raj: ¿Sabes? ¡Luces guapísima cuando te enojas!
>
> Sami: Eres muy amable al decirlo, pero yo quiero que me expliques por qué olvidaste mi cumpleaños.

Emplear una maniobra de distracción también puede ser peligroso. ¿Se trata de una discusión que es necesario sostener? Puede suceder que, si el asunto no se resuelve en este momento, siempre quede al margen. ¿Será este el momento y el lugar apropiado para esta discusión? ¿Se trata de una discusión acerca de un tema que podría resultar productivo? En última instancia, reconocer una maniobra de distracción te dará la opción de decidir cómo proceder. ¡Y es una herramienta útil que tú mismo puedes emplear si alguna vez te encuentras atrapado "con los dedos en la puerta" comentando acerca de tu salario!

Argumento circular

Este es otro tipo engañoso de argumento con el que hay que tener precaución. Utiliza dos hechos no demostrados que se refuerzan entre ellos para darse credibilidad. Considera el siguiente ejemplo:

"Dios existe porque la *Biblia* nos lo dice. Podemos confiar en la *Biblia* porque es la palabra de Dios."

Todo lo anterior podría ser verdad, ¡pero este argumento no es bueno! Los argumentos, a partir de la lógica, requieren que comencemos con un hecho que sea verdadero y razonar a partir de él. La dificultad en este ejemplo es que A solo es verdad si B es verdad, y B solo es verdad si A es verdad. Otro ejemplo de argumento circular es el siguiente:

"Yo soy mejor que tú para discutir. Tú siempre terminas por aceptar que yo tengo razón. Debes aceptar que yo soy el mejor discutidor."

Preguntas ocultas

Una técnica astuta que en ocasiones se emplea es formular una pregunta que contiene un hecho oculto. Al responder la pregunta, se asume que la persona ha aceptado el hecho. El ejemplo más conocido es:

"¿Ya dejaste de golpear a tu esposa?"

Si el hombre responde que sí o que no, en cualquier caso admite que ha golpeado o que golpea a su esposa. Formas más sutiles serían:

"¿Tus tácticas poco éticas han afectado tus rendimientos?"

Esta puede ser una maniobra hábil para que el hecho oculto sea aceptado. En los juzgados, los abogados utilizan esta técnica a menudo. La pregunta:

"¿Quién era la mujer con quien usted se encontraba la noche en cuestión?"

Este cuestionamiento asume que había una mujer y puede engañar al testigo para aceptar ese hecho si no es cuidadoso. Si el testigo replica: "no quiero decirlo, es privado", de cualquier modo ha aceptado que estaba con alguien.

Este es un truco astuto que debes aprender, si deseas obtener más información de tu oponente para impulsar tu argumento. Entonces, por ejemplo, si dudas si tu esposa en verdad va al gimnasio o si tiene una aventura con Brian, podrías preguntarle: "¿cómo ha estado Brian?".

Literalidad

Uno de los tipos más irritante de argumento puede ser aquel que proviene de personas que se apegan a la literalidad. La literalidad es el placer que regocija a los abogados y a las compañías de seguros. Ellos basan sus argumentos en el significado literal de las palabras que han empleado, en lugar de en cómo la gente ordinaria podría comprender esas mismas palabras. Por lo tanto, tú escuchas algo como esto:

"Le dijimos que le proporcionaríamos un automóvil nuevo, pero nunca afirmamos que funcionaría."

Puedes identificar a un literalista mediante algunas palabras reveladoras: "analicemos mis palabras exactas…" o "todo lo que dije fue que…". Lo irritante es que sus argumentos pueden tener mucho peso en un juzgado. En una disputa por un contrato, estas personas solo se sentirán obligadas a cumplir con aquello que prometieron hacer. De hecho, si te encuentras en una disputa por haber roto tu palabra, bien vale la pena pensar con cuidado acerca de lo que realmente dijiste que harías.

Entonces, ¿qué puedes decirle a tu literalista? Una opción es averiguar si puedes voltearle la sartén. Quizás aceptaste pagarle pero nunca dijiste cuándo lo harías. De esta manera, puedes decirle: "si tomarás tus obligaciones literalmente, yo también lo haré". Esto podría conducir a un acuerdo para analizar el contrato de manera razonable.

Como alternativa, podrías preguntarle a esa persona qué quería que la gente pensara cuando expresó su argumento. Una buena sugerencia para un literalista es comentarle que, si hubiera deseado desde un principio decir lo que afirma, hubiera podido hacerlo con toda claridad. Considera lo siguiente:

Correcto

Shazia: Todo lo que dije que haría es darte un reembolso. Nunca dije que sería un reembolso total.

Mary: Pero cualquier persona que escucha que recibirá un reembolso pensaría que se trata de un reembolso total.

Shazia: Ah, pero debes escuchar lo que dije.

Mary: Lo hice. Si hubieras querido ser clara, pudiste decir que se trataría de un reembolso parcial. Al no dejarlo claro, yo confié en el significado normal de la palabra "reembolso".

REGLA DE ORO 6: TEN CUIDADO CON LOS TRUCOS ASTUTOS

Mary se ha anotado algunos puntos buenos aquí. Quizá no convenza a Shazia, pero ha estructurado bien su argumento.

> **En ocasiones lo mejor es renunciar a discutir con literalistas.**

Asociación hostil

Esta forma de argumento pretende arrojar dudas sobre un punto de vista porque corresponde a personas de mala reputación. Por ejemplo:

"Tú no quieres ser vegetariano. Hitler lo era."

Aquí lo que sugieres es que los partidarios del vegetarianismo se asocian con Hitler. Desde luego, esto es injusto por completo. A veces, las personas malévolas tienen opiniones no ofensivas. ¡En realidad es bastante difícil estar equivocados todo el tiempo acerca de todo!

En ocasiones la asociación hostil es más sutil y depende de los prejuicios del interlocutor:

"Un grupo de reflexión derechista ha sugerido reducir los impuestos, pero..."

Este argumentador confía en que de inmediato desecharás cualquier idea que provenga de un grupo de reflexión de ala derecha. De igual manera, si, digamos, el departamento de contabilidad de tu empresa no goza de mucha popularidad, tú podrías argumentar:

"Ahora, esta propuesta es muy popular en el departamento de contabilidad, pero..."

Dar por hecho

"Ah, pero tú ya lo das por hecho", suele ser una queja común de la gente. El término "dar por hecho" (oficialmente conocido como *petitio principii*) es de uso común, aunque no siempre utilizado de forma apropiada. Su uso es correcto cuando una persona presenta un argumento que, en realidad, no es otra cosa que una reformulación de su conclusión. Entonces, en lugar de depender de una premisa para llegar a una conclusión, esta persona utiliza la conclusión para argumentar una conclusión reformulada.

"El aborto es un asesinato porque implica matar a un niño inocente."

Bueno, "matar a un niño inocente" es un asesinato y, por lo tanto, en efecto, todo lo que se ha hecho aquí es reformular la conclusión, pero creando la impresión de que se ha empleado un argumento. Por lo regular podrías identificar este tipo de argumentos si piensas: "de acuerdo, cualquier persona que crea en tu primer punto estará de acuerdo con el segundo".

> **Incorrecto**
>
> Este negocio producirá rendimientos excelentes. Por lo tanto, pronto recuperaremos nuestras pérdidas. Aquellos que crean que el negocio implica aceptar deudas riesgosas están equivocados.

En este argumento, la conclusión de que no hay riesgos en el negocio solo es cierta si éste producirá rendimientos excelentes. A menudo podrás reconocer un argumento del tipo "darlo por hecho" porque nadie puede estar en desacuerdo con él, sobre todo si la frase con la que inicia es correcta.

Pendientes resbaladizas

Esta es una táctica común que surge en las discusiones. Se centra en la cuestión de dónde establecer límites. Por ejemplo, considera una discusión acerca de si el servicio nacional de salud debería negar el tratamiento a aquellos pacientes con enfermedades causadas por fumar. Un oponente podría argumentar:

"¿Y qué sigue? ¿Negaremos el tratamiento a personas que tienen sobrepeso, a quienes no se ejercitan lo suficiente? Terminaríamos con que el servicio nacional de salud solo ofreciera tratamiento a atletas con excelente condición física y súper virtuosos."

En un argumento de pendiente resbaladiza, el argumentador busca demostrar que no existe un sitio lógico para trazar una línea limítrofe; que, una vez que una excepción es aceptada, no es posible trazar una línea en ningún sitio razonable. Por lo tanto, tú eres conducido a aceptar una conclusión absurda. Dado que tú no deseas hacerlo, puedes decidir que lo más conveniente sería no dar un solo paso hacia la pendiente resbaladiza. Por ejemplo, las escuelas y los colegios tienen políticas absolutas acerca de asuntos tales como los uniformes, por temor a que, una vez que se conceda una excepción, habrá una ola de solicitudes para la aprobación de más excepciones aún.

En una discusión de pendiente resbaladiza, tú expresas que, una vez que hemos permitido A, también debemos permitir B, C, D y E, dado que no existe una buena razón para diferenciarlas de A. Tu argumento es que tener que aceptar D o E será desastroso. Por lo tanto, no debemos permitir ni siquiera la excepción de A, sin importar lo inocua que parezca por sí misma.

Responder a un argumento de pendiente resbaladiza puede resultar difícil. Existen dos maneras de intentarlo:

- *Negar que la pendiente es resbaladiza.* Una respuesta es sugerir que el sitio donde se ha trazado la línea limítrofe es justificable y que no existe motivo alguno por el que es necesario aceptar que otros escenarios podrían presentarse.

"Creo que podemos permitir una excepción con el código del uniforme para este alumno, porque implica una creencia religiosa. Podemos explicar que solo serán permitidas las excepciones basadas en creencias religiosas y no habrá muchas así."

- *Podrías argüir que la pendiente es resbaladiza por todas partes.* El argumento aquí es que no existe alguna razón lógica para trazar la línea donde la establezcas, pero que es preciso trazarla en algún sitio. Tomemos, por ejemplo, el hecho de que para comprar alcohol en el Reino Unido un individuo necesita tener 18 años de edad. Ahora, resulta fácil alegar que esta es una línea arbitraria. Nada mágico ocurre en la noche previa al décimo octavo cumpleaños. Sin embargo, este punto debe señalarse en cualquier edad elegida. Siempre puede argumentarse que el chico no se vuelve más maduro por arte de magia en el transcurso de unas cuantas horas previas al cumpleaños en cuestión.

  Esto ocurre en numerosas áreas de la vida. Hablemos de la velocidad. ¿En verdad es mucho más peligroso conducir un automóvil a 31 millas que a 29 millas por hora? Es probable que no, pero conducir a la primera velocidad puede causar que termines con una multa, lo que no ocurre con la segunda. Entonces, la primera pregunta a formular es si es necesario trazar una línea en alguna parte. Bueno, si asumimos que no queremos que los niños de siete años de edad compren cervezas y que no queremos tampoco calles sin límites de velocidad, tenemos que trazar la línea en alguna parte. Una vez alcanzada esta conclusión, necesitamos aceptar que, dondequiera que tracemos la línea, existirán casos a ambos lados de la misma donde parezca arbitraria. La siguiente cuestión es si el lugar donde trazamos la línea es razonablemente bueno. Entonces, en cuanto a la edad para comprar alcohol, confiamos en que, por lo general, los chicos menores de 18 años de edad carecen de la madurez necesaria para tomar la decisión de beber alcohol, mientras que los chicos mayores de 18 años de edad sí la poseen. Si esto es correcto, existe un argumento fuerte para decir: sí, la línea trazada es arbitraria pero tenemos que trazarla en alguna parte y este sitio es el mejor para hacerlo.

¿Qué ocurriría si?

Una táctica común al discutir es presentar un escenario absurdo que produciría un desastre.

"Bob ha sugerido que nos mudemos a Milton Keynes pero ¿qué ocurrirá si hay una huelga nacional de ferrocarrileros?"

O algo más dramático:

"Ese plan financiero luce muy razonable pero ¿qué ocurriría si se presenta una crisis en el mercado de valores?"

Esta forma de argumento es común. Su esencia es muy razonable: puede emplearse para señalar los riesgos de determinado curso de acción. Sin embargo, debemos tratarlo con cuidado. Es posible contrarrestar casi cualquier idea con base en que uno puede imaginar un escenario donde dicha idea sería una tontería. Siempre podemos cuestionar los "¿qué ocurriría si?". Por ejemplo:

"No debemos comprar regalos de Navidad este año porque los marcianos podrían aterrizar mañana y apoderarse del mundo."

Un buen uso de los "¿qué ocurriría?" es demostrar que no solo existen consecuencias potencialmente desastrosas, sino que son realistas. Si tú eres el oponente de un argumento de "¿qué ocurriría?", tu caso será mucho más fuerte si puedes demostrar que existen alternativas iguales de convenientes, pero que no implican las desventajas sugeridas. Asimismo, muchos argumentos de "¿qué ocurriría?" pueden ser derrotados con solo decir que el escenario temido representará un problema, sin importar cuál sea la situación. Si los marcianos aterrizan y se apoderan del mundo, ¡el hecho de haber comprado regalos de Navidad será la menor de tus preocupaciones!

Hombres de paja

Los campos de batalla de las discusiones están plagados con los cadáveres de los hombres de paja derrotados. Tal parece que es raro que las mujeres de paja enfrenten ataques. Tomar un argumento débil en particular y utilizarlo para ridiculizar a la contraparte puede ser una poderosa herramienta retórica. Considera estos dos ejemplos:

"Leí ayer un artículo del partido de mi oponente que decía que debemos aumentar los impuestos para poder destinar dinero a la remodelación del Palacio de Buckingham. Bueno, yo creo que la Reina bien puede hacerse cargo de atender su propia residencia en lugar de acudir a los oprimidos contribuyentes de este país. Entonces, yo digo: no más impuestos."

"El mejor argumento que la gente esgrime en cuanto a colocar a Peter Crouch como delantero del equipo de futbol de Inglaterra es que es alto. Sin embargo, lo que queremos de los delanteros es que sean capaces de anotar goles, no que sean altos."

Estos dos argumentos están diseñados para hacer que los de tus oponentes luzcan absurdos. Sin embargo, ambos se basan en la falsa presunción de que los únicos argumentos que los oponentes podrían presentar son los ya mencionados. Desde luego, es posible emplear argumentos mucho mejores que los anteriores para aumentar los impuestos o para elegir a Peter Crouch como delantero del equipo de futbol de Inglaterra.

Una versión del argumento del hombre de paja es caracterizar los de tu opositor de la manera más extrema posible:

"Odio a los políticos ecologistas; ellos clausurarían todas y cada una de las fábricas del país si tuvieran la oportunidad."

"Aquellos que apoyan los recortes en el presupuesto de defensa quieren que nuestro país quede expuesto a una invasión."

REGLA DE ORO 6: TEN CUIDADO CON LOS TRUCOS ASTUTOS

La mejor manera de vencer un argumento de hombre de paja es, con toda claridad, disociarte del argumento ridículo:

"Estoy de acuerdo con mi oponente en cuanto a que aumentar los impuestos para remodelar el Palacio de Buckingham sería absurdo. Sin embargo, puedo pensar en mejores proyectos que ese para aprovechar el dinero de los impuestos. ¿Qué tal mejorar nuestros hospitales? ¿Estarías de acuerdo con aumentar los impuestos para invertir en esto?"

Los peligros del argumento de doble error

Es muy probable que te hayas enfrentado con el argumento de doble error: "el soborno está bien porque todo el mundo lo hace", "si no vendemos armas a este desagradable régimen, alguien más lo hará". Pero el simple hecho de que alguien haga algo malo no significa que se vuelve permisible hacerlo. Sabemos que es muy mal argumento si un pedófilo dijera: "no tiene importancia que yo haya abusado de este niño porque, si no hubiera sido yo, alguien más lo hubiera hecho".

Entonces, sé cauteloso con esas personas que emplean argumentos de doble error y evita usarlos tú mismo. Nunca son una justificación para ninguna posición.

El poder del silencio

Es importante hacernos conscientes de que, en una discusión, el silencio es una opción. De hecho, puede ser una herramienta importante. Estoy seguro de que todos hemos estado en reuniones donde, mientras más tiempo habla una persona, menos nos convencemos de su postura. En especial en una junta, puede valer más la pena permitir que una persona continúe exponiendo su caso de manera terrible que intentar intervenir.

El silencio es, desde luego, clave con la finalidad de evitar por completo una discusión. Recuerda la Regla de Oro 2: hay un momento y un lugar adecuados para cada discusión. Si no estás seguro de que estos sean el momento y el lugar adecuados, quizá sea mejor que permanezcas callado. El silencio, por naturaleza, es equívoco; no debes permitir que los demás asuman que estás de acuerdo o en desacuerdo con lo que se ha dicho. Si te presionan para responder, simplemente puedes decir: "no estoy preparado en este momento para discutir ese tema".

El silencio también puede ser una respuesta apropiada cuando sientas que la persona con quien discutes ha expresado un punto excelente para el que no tienes una respuesta a la mano. Guardar silencio puede motivar a esa persona a expresar otro punto para el que ya tengas una mejor respuesta.

"El silencio es uno de los argumentos más difíciles de refutar."

Josh Billings

¿Te sientes atorado?

A veces en una discusión no sabrás qué decir. Tal vez lo mejor sea sugerir que continúen en otro momento, para que puedas aclarar tu mente. Si no te es posible, siempre es útil contar con una reserva de frases a la que puedas recurrir:

Ejemplos útiles

"¿Podrías explicarme eso en un lenguaje no técnico?"

"¿Cuáles son tus parámetros?"

"¿Lo das por hecho?"

Mientras la otra persona atiende tus preguntas, tú tendrás un poco de tiempo para pensar qué quieres decir.

Resumen

Ten cuidado con los argumentos que en primera instancia parecen convincentes pero que, bajo un análisis más minucioso, no son apropiados en ningún sentido. Piensa con atención si lo que la persona ha dicho proviene del hecho. Pregúntate si la otra persona ha establecido ciertos hechos y si sus conclusiones se derivan de ellos.

En la práctica

Recuerda que para contrarrestar cualquier argumento, tú puedes desafiar los hechos, desafiar las conclusiones o encontrar puntos que las superen. Ya has aprendido las trampas y los trucos de las discusiones, de manera que trabaja con ellos en un escenario de prácticas para que aprendas a reconocerlos cuando alguien más los emplee en contra tuya.

Capítulo 7

Regla de Oro 7
Desarrolla habilidades para discutir en público

Muchas discusiones tienen lugar en el curso de una conversación, pero en ocasiones existe una estructura más formal para ellas. Por ejemplo, tú argumentas a favor de una propuesta en una junta o te diriges a un grupo de personas. Si esa es la situación, aquí te presento algunos consejos importantes.

Cómo hablar bien en público

- *Prepárate.* Ya hemos cubierto esta sugerencia en la Regla de Oro 1. En una conversación puedes salir del paso si te sientes confundido, pero en una presentación debes tener todos los hechos a la mano.
- *Practica.* A menos que seas muy experimentado para hablar en público, practica lo que dirás. Es sorprendente cómo un argumento o un chiste funcionan bien por escrito, pero fallan cuando los pronuncias en voz alta.
- *Habla despacio.* Probablemente el error más común en presentaciones públicas sea que la gente habla demasiado rápido. Quizá sientas que hablas muy despacio, pero es muy poco factible que así sea. ¿Puedes recordar alguna ocasión en la que pensaste que una persona que hablaba en público lo hacía demasiado despacio? Lo dudo. Pero apuesto a que puedes recordar alguna en la que el ponente lo hacía demasiado rápido.
- *No leas.* Todos hemos asistido a presentaciones en las que la persona simplemente lee un discurso. Nunca funciona. Suena artificial y extraño. Prepara notas con palabras clave. Elabora una lista de puntos que te recuerden la estructura de la plática. Recuerda: siempre es buena idea tener notas a la mano para que, si algo sale mal, cuentes con algo que te ayude.

> **Evita dar un discurso con un inicio, un embrollo y un final.**

- *Sonríele a la gente.* En especial si no conoces a tu audiencia, intenta llegar temprano para conocer a algunos miembros de tu público. Realmente es motivador ver una cara conocida entre la multitud. Intenta mirar hacia diferentes secciones de la audiencia mientras hablas. No solo mires hacia abajo ni finjas hablar con una sola persona. Si puedes moverte un poco, hazlo.

- *Sé breve y claro.* Recuerda la Regla de Oro 3. Nunca he estado en una conferencia que fuera demasiado breve y demasiado clara. Me he sentado a presenciar muchas que fueron muy largas y poco claras. Recuerda que lo principal no es ser simpático o elocuente o brillante, sino transmitir los mensajes que deseas de manera clara. Haz que esta sea tu meta principal.

"Antes de hablar tengo algo importante que decir." — Groucho Marx

- *Modera el tono de tu voz.* Usa tonos más altos y más bajos. Varía el ritmo. Aplica pausas. Hablar en un solo tono puede ser desastroso.

Incorrecto

Un juez dijo en una ocasión: "sin duda alguna, el testigo más aburrido que he tenido en la corte... habla con voz monótona... y usa un lenguaje tan gris y complejo que ni el reportero de la corte logró mantenerse consciente... me fastidié."

- *Permite que tu público se acostumbre a ti.* Si vas a hablar durante un rato, es conveniente conceder a tu público un poco de tiempo para que se acostumbre a tu presencia. Comienza con una historia acerca de tu trayecto a la cita o sobre algo publicado en los medios de comunicación, solo para que la gente se adapte a tu estilo. No pienses que tiene que ser un chiste: una anécdota ligera será adecuada.

- *Citas textuales.* Si quieres emplear citas textuales en un discurso, que sean breves. Es probable que cualquier cita textual de más de 30 palabras sea aburrida.
- *Usa material impreso para repartir.* Estos materiales son especialmente útiles si hay información detallada que tu público necesita pero que sería aburrido repasar de forma oral, como las estadísticas de apoyo. También pueden servir para enfatizar tus puntos clave. Quizá lo mejor sea repartirlos al final de tu charla para que sirvan como recordatorio, no como distracción.
- *Uso de* PowerPoint. Si utilizas *PowerPoint,* mantén la presentación clara y enfocada. Cuida que la gente te escuche y no esté tan estupefacta con tu tecnología que se distraiga. Yo he descubierto que el uso de un accesorio es más efectivo que una imagen de computadora. Empleo una pistola de agua en mis conferencias sobre ley criminal. Empapar a mis alumnos transmite mejor los puntos más finos de diferentes ofensas criminales que 40 diapositivas de *PowerPoint.*
- *Señales de advertencia.* Mantente atento a las señales que indiquen que la presentación no marcha bien. ¿La gente se agita con ansiedad? ¿Garabatea en exceso? ¿Hay un murmullo en la audiencia? ¿Algunas personas revisan sus mensajes de texto? Si es así, ¡no caigas en pánico pero haz algo! Prueba algo inesperado. Sácate una historia de la manga, si es necesario. Deja de hablar un momento; ¡esto suele llamar la atención de la gente! Detente y pregunta si hay alguna duda hasta ese momento.
- *Finaliza con un resumen claro y memorable de tu argumento.*
- *Preguntas.* Si es apropiado, invita a que te hagan preguntas al final. Si te formulan una pregunta complicada, siempre puedes responder: "esa es una pregunta excelente. Podría dar una respuesta detallada ahora mismo, pero creo que necesitamos charlar al respecto con un café un poco más tarde".

Presentaciones en juntas

He aquí algunos otros consejos si harás una breve presentación en una junta:

- Si sabes que otras personas asistirán a la junta, habla con ellas de antemano. Intenta crear alianzas con individuos que piensen igual que tú. Revisa si están conformes con los puntos principales que expondrás.
- Motiva a tus "partidarios" para que manifiesten su apoyo hacia ti tan pronto como sea posible al finalizar tu presentación. A la mayoría de la gente no le agrada oponerse a una propuesta si es evidente que tiene apoyo, así que esta táctica desalentará a tus detractores.
- Como se trata de una presentación breve, emplea una estructura muy clara. Di al inicio por qué argumentas, expón tres razones (premisas) sustentadas, di una vez más cuál es el núcleo de tu argumento (conclusión) y siéntate.

Resumen

Haz que tus prioridades sean la claridad y la brevedad. A menos que estés entrenándote para convertirte en un predicador o en un comediante, no tienes que hacer reír o llorar a la gente. Quieres transmitir tu mensaje de manera clara y convincente. Si tienes la oportunidad de provocar una carcajada durante el proceso, está perfecto.

En la práctica

La única manera de desarrollar habilidades para hablar en público es practicar. Cometerás errores, pero serán grandes oportunidades. Casi todos los conferencistas sentirán, al final de sus presentaciones, que algunas partes salieron muy bien y que otras no tanto. Entonces, no te desanimes si la tuya no es perfecta. Después pregunta a algunos amigos si tienen alguna recomendación. Luego, practica un poco más.

Capítulo 8

Regla de Oro 8
Sé capaz de discutir por escrito

La mayoría de las discusiones en la actualidad tienen lugar en conversaciones y charlas. Sin embargo, con el correo electrónico y los *blogs*, tanto en los negocios como en la educación, el argumento formal por escrito aún tiene su importancia. Aquí te presento algunas reglas:

Escribe con claridad. Recuerda que es más importante ser claro que sonar inteligente. No necesitas emplear palabras largas y complicadas solo porque estás escribiendo.

> **¡No seas polisilábico!**

Sí, adivinaste. Un polisilábico es un individuo que emplea palabras largas.

- *Usa gramática y ortografía correctas.* Ya no es un error cardinal comenzar una frase con "pero" o usar una proposición para finalizar una oración. No estás escribiendo una carta para tu profesor de español. Si es necesario, dale prioridad a la claridad sobre la gramática. Se hizo famosa la respuesta que dio Churchill a una carta tortuosa pero gramáticamente correcta, así:

"Ese es el tipo de lenguaje que no puedo tolerar yo."

- *Piensa con cuidado en tus palabras iniciales.* A menudo los lectores decidirán si leerán con atención o si solo echarán un vistazo a un reporte con base en los renglones iniciales. Tú deseas escribir algo que atrape la atención y persuada al lector de que es importante leer lo que has escrito. En una ocasión inicié la revisión de un libro con:

"¿Eres un peludo abogado médico con presión arterial baja y bloqueo de escritor? Entonces, este es el libro ideal para ti. No tendrás que leer muchas páginas antes de que tu sangre hierva, de que te jales los cabellos y de que tomes tu teclado para escribir una réplica furiosa."

Espero que este texto haya cautivado la atención de algunas personas y que las haya obligado a leer más.

- *Que sea breve.* Es más probable que tu lector lea un resumen de una página que un documento de 50 páginas. Recuerda que los Diez Mandamientos solo contienen 156 palabras. Es posible transmitir mucho con pocas palabras.
- *Usa viñetas y párrafos para separar tus puntos.*
- *Emplea el tiempo activo.* "Yo pensaría que lo más recomendable es proceder con cautela" se expresa mejor así: "Pienso que debemos proceder con cautela" o, mejor aún, "debemos proceder con cautela".
- *Lee el argumento completo después de escribirlo.* Imagina que tú eres la persona a quien va dirigido. Recuerdo que me reuní con uno de mis alumnos que solicitó ingresar a un curso en otra universidad. Él me había enviado una copia de su carta de solicitud para que la revisara. En la carta, mi alumno explicaba que solicitaba ingresar al curso como red de seguridad, en caso de que no obtuviera un empleo al que aspiraba. Le pedí que imaginara ser el profesor que impartía el curso. ¿Cómo se sentiría al recibir una carta como aquella? Tuve que elogiar la honestidad de mi alumno, pero él no pensó cómo sería interpretado por la persona a quien le escribió. No cometas ese error.

Los riesgos del correo electrónico

El correo electrónico es una manera excelente de comunicarnos con la gente. Es rápido y conveniente. Sin embargo, también puede ser peligroso. Por favor, ten cuidado cuando utilices el correo electrónico o *blogs* para discutir.

REGLA DE ORO 8: SÉ CAPAZ DE DISCUTIR POR ESCRITO

> **Cómo no hacerlo**
>
> A los medios de comunicación les encanta reportar historias de cuando "el correo electrónico se vuelve loco". Un caso notable involucró a dos secretarias de un despacho legal. KN envió a MB un mensaje por correo electrónico en el que alegaba que le había robado su emparedado ("consistente en jamón, algunas rebanadas de queso y dos rebanadas de pan") del frigorífico. Ella demandaba una compensación por parte de MB. Era todo lo que KN tenía para almorzar. MB respondió por escrito que tal vez KN había dejado el emparedado en otro lugar. KN volvió a escribir que MB era una rubia estúpida. MB replicó que KN era incapaz de conservar a su novio. El intercambio degeneró. Tras unas cuantas horas, el diálogo recorrió toda la oficina y pronto llegó a los socios del despacho. Ambas secretarias perdieron su empleo.

Matices

Una de las dificultades del correo electrónico es que, por su naturaleza no oral, los matices se pierden por escrito. Imagina que un colega hace una sugerencia y que tú respondes:

"Qué idea tan interesante. Pensemos en ello en Año Nuevo."

Quizá tu intención fue enviar una respuesta positiva y motivadora. No obstante, el colega podría leerla como si la hubieras dicho con un tono sarcástico, con lo que se transmite que la idea es una locura y que no deberían volver a pensar en ella. Cuando hablas cara a cara, por lo regular puedes descubrir si la otra persona es sarcástica o no por su tono de voz y su lenguaje corporal. Todos esos matices se pierden por correo electrónico.

El énfasis colocado en una palabra puede cambiarlo todo. Compara:

"¿Quieres apoyar esa propuesta?"

Contra

"¿Quieres apoyar *esa* propuesta?"

En énfasis en "esa" indica que a la persona que habla le sorprende que a la otra persona le entusiasme la propuesta, pero sin el énfasis parece una pregunta directa. De igual manera, la otra persona puede leer un comentario que pretende ser una broma de forma distinta por completo.

Entonces, cuando discutas por correo electrónico, lee con atención lo que has escrito e imagina que intentas interpretarlo de la manera más negativa posible. Cambia la redacción, si es necesario, para asegurarte de que el mensaje sea positivo. Si tienes cualquier duda, por qué no incluir un mensaje al final como: "me doy cuenta de que quizá leas este mensaje y pienses que estoy muy enojado contigo. No lo estoy. Solo tenemos que resolver este asunto".

Velocidad

Estoy seguro de que todos lo hemos hecho: furiosos, enviar un mensaje por correo electrónico y, momentos después, lamentar lo que hemos hecho. ¡O revisar un mensaje que enviamos el día anterior y horrorizarnos por lo groseros que fuimos! He aquí algunas claves básicas para evitar este problema:

- Si estás furioso y redactas un mensaje por correo electrónico, envíatelo primero a ti mismo. Léelo de nuevo con ojos frescos. ¿Cómo te sentirías si recibieras un mensaje como ese?
- Si no estás seguro de si un mensaje por correo electrónico es demasiado agresivo, ¡lo más seguro es que sí lo sea! Como regla general, te expresarás de una manera más violenta que la que asumes.
- Recuerda que hay una persona real en el otro extremo de tu correo electrónico. ¿Te atreverías a decirle eso cara a cara?
- ¿Por qué no enviar un borrador del mensaje a un amigo para que lo comente contigo?
- ¡Consúltalo con la almohada!

Blogs

Los foros de *blogs* se han convertido en arenas populares para discutir. Por derecho propio. Permiten que la gente interesada en temas particulares se reúna e intercambie puntos de vista. Cuando funcionan bien, pueden ser una fuente útil de información y una manera práctica de averiguar lo que piensan los demás. Incluso puedes considerarlos como una forma de permitir que gran cantidad de personas conozcan tus puntos de vista.

No obstante, ¡ten cuidado! Recuerda que, a diferencia de las conversaciones, lo que escribes está allí para que todos lo vean, quizá para siempre. ¡La estadística imprecisa, la respuesta cruel, la opinión tonta estarán allí para que todos las vean y para que hagan referencia a ellas una y otra vez! La mayoría de los *blogs* te permite publicar mensajes anónimos; esto puede ser razonable y significar que estás protegido si dices algo de lo que después te arrepientas.

Los *blogs* parecen sacar a la luz el lado agresivo de la gente. Lo mejor es mantener respuestas concentradas en los argumentos, en lugar de hacer comentarios personales. Evita los insultos o las frases claramente ofensivas. No te llevarán a ninguna parte. Creo que algunos individuos que publican textos en los *blogs* olvidan que están comunicándose con otras personas. La mayoría de la gente es muy sensible; incluso una leve crítica puede perder toda proporción. Por lo tanto, modera el tono de tus comentarios. Solo porque un individuo ha sido grosero contigo no significa que tú tengas que responder de la misma manera.

Es recomendable preparar lo que dirás en un documento por separado y revisarlo con atención antes de capturarlo en un foro o *blog*. De esta manera puedes verificar que no haya erratas obvias o que no dirás algo que después lamentarás.

Resumen

Aprende a escribir de manera clara y directa. No intentes sonar inteligente ni compliques las cosas sin necesidad. Utiliza frases cortas y precisas. Mantén una escritura breve y concreta.

En la práctica

Una vez que hayas escrito una carta o documento, averigua si puedes redactarlo de nuevo con la mitad de las palabras que empleaste. Si recibes una carta que admires por su claridad, estúdiala y proponte aprender de ella. ¿Qué es lo que la hace una escritura efectiva?

Capítulo 9

Regla de Oro 9
Sé grandioso para resolver puntos muertos

Para muchas discusiones yo recomendaría que "no fuerces un acuerdo". A menudo no es necesario lograr que la otra persona concuerde contigo de inmediato. A pesar de que podría ensalzar tu ego el hecho de escucharla decir: "ah, ahora veo que tú tenías toda la razón y que yo estaba muy equivocado", no tiene sentido forzarla hasta ese grado. Es mucho mejor para tu interlocutor reflexionar más al respecto y revisar de nuevo los argumentos. Si esa persona siente que ya ha tomado su decisión (en lugar de que tú la intimides), tiene más probabilidades de apegarse a su creencia recién descubierta. Desde luego, podría decidir en ese momento, a la luz de tus argumentos, estar de acuerdo contigo, pero por lo regular tú no necesitarás forzarla. Dale tiempo para pensar y muéstrate dispuesto a que regrese y discuta el tema con mayor profundidad.

No obstante, se te presentarán casos, en especial en el mundo de los negocios, en los que tú querrás presionar hasta llegar a un acuerdo. Para explorar este tema, quizá te interese leer un libro empresarial sobre ventas (prueba *Mind and Heart of the Negociator* de L. Thompson, Prentice Hall, 2008).

Inercia

La mayoría de los expertos concuerda en que un gran problema al cerrar un trato es la inercia. Puedes convencer con facilidad a una persona de que estaría mejor con un nuevo automóvil o lavadora de ropa o lo que sea. Pero entonces resulta difícil llegar a la etapa de hacer algo al respecto. Ese es el motivo por el que las revistas adoran a la gente que acepta los cargos automáticos a cuentas bancarias o a tarjetas de crédito. En esos casos, los clientes tienen que realizar determinadas acciones para cancelar una suscripción, en lugar de que el personal de ventas del periódico tenga que convencerlos de renovar la suscripción cada año.

Si estás en una discusión y necesitas cerrarla, he aquí algunos consejos importantes:

- Crea la impresión de que tu oferta solo estará abierta durante un periodo corto. No es accidental que los agentes de bienes raíces coloquen letreros de "vendido" en las ventanas de las propiedades. Quieren crear la sensación de que, si hay una casa que te agrada, debes moverte pronto o alguien más la comprará. Si estás en una disputa con un constructor, intenta lo siguiente:

"Mire, yo quiero que este asunto quede resuelto hoy mismo. Yo le pagaré 150 libras si lo dejamos por la paz; pero si usted no está conforme con esto, tendrá que llevarme a la corte."

- Crea la impresión de que todo el mundo compra o comprará el producto. El temor a estar "pasado de moda" o a ser "anticuado" es una emoción con la que juegan muchos equipos de ventas.
- Juega con la imagen que la persona tiene de sí misma. Convence al comprador de que, al ser el tipo de persona que es, debe comprar ese producto. Hace poco me paró en la calle un sujeto que me dijo:

"Usted es del tipo de persona que se preocupa por los demás, así que por favor done para ayudar a los niños hambrientos."

Así se creó la impresión de que, si yo no donaba, demostraba que era del tipo de persona que no se preocupa por los demás. Esta táctica puede utilizarse también con instituciones o grupos:

"¿Queremos ser el tipo de sinagoga donde esto ocurre?"
"¿Este es el tipo de comunidad donde queremos vivir?"

- En ocasiones, avergonzar puede ser una herramienta efectiva. Considera esta discusión entre ex cónyuges:

> Sue: ¿Podrías quedarte con los niños durante 15 días en marzo?
>
> Tom: Lo lamento, Sue, me temo que no puedo.
>
> Sue: ¿Podrías quedarte con ellos solo el primer fin de semana de marzo?
>
> Tom: Bueno, supongo que puedo hacerlo.

Después de negarse a la primera solicitud de Sue, Tom se sentirá avergonzado de rechazar también la segunda. Si Sue hubiera comenzado por preguntarle sobre el fin de semana, a él le hubiera resultado más fácil responder que no. Esta técnica puede emplearse en numerosos argumentos.

- Dicen que la adulación puede llevarte a cualquier parte. Tal vez sea una exageración, pero lo cierto es que sí puede ayudar:

> Brian: Hiciste un trabajo fantástico en el establo el año pasado. ¿Podrías hacerlo de nuevo?

Moderación

La tentación en una discusión es llegar a un acuerdo por compromiso. Si el constructor te ofrece hacer el trabajo por 200 libras y tú estás dispuesto a pagar 100, un acuerdo sobre una tarifa de 150 libras parecería justo. Sin embargo, no cedas a la tentación de asumir que debes aceptarlo. Si estás convencido de que 100 libras es la tarifa correcta, aférrate a ella. Si crees que has expresado una cantidad razonable, que no te afecte lo que solicita la otra persona. De hecho, tal vez solicitó una cantidad extrema deliberadamente, con la esperanza de que incrementes tu oferta y así procurar ganar un poco más.

Consejo: No sucumbas al argumento de que negociar a la mitad siempre es lo más razonable.

Quizá se trate de una particular característica británica la tendencia a la moderada vía media. A pesar de que puede ser razonable en algunas ocasiones, cuídate de ceder a la tentación. Decide lo que crees que es una cantidad justa. Considera este argumento cuya intención es abatir las quejas:

"Yo iba a solicitar un aumento de sueldo de diez por ciento, pero me di cuenta, con las últimas notificaciones acerca de los rendimientos, de que eso no es razonable; por lo tanto, solo pediré un aumento de sueldo de cinco por ciento."

Este argumento es inteligente porque hace más difícil sugerirle a la persona que haga otro sacrificio en su demanda. De hecho, frente al argumento de que la empresa atraviesa momentos complicados, el solicitante puede decir que ya lo había tomado en cuenta.

¿Cuáles son tus alternativas?

En cualquier discusión, no olvides cuáles son tus alternativas. También piensa cuáles son las posibles opciones para la persona con quien hablas.

Consejo: Pregúntate cuál será tu estrategia si no logras un acuerdo.

Si no puedes convencer al vendedor de que acepte un precio menor, ¿cómo será tu situación sin un automóvil nuevo? Si, de hecho, el auto viejo funciona bien, entonces es importante recordarlo en tu argumento. Si el vendedor no accede a tu oferta razonable, tienes una buena alternativa: puedes usar tu automóvil viejo durante un poco más de tiempo. Si tu jefe no accede a tu solicitud de aumento de sueldo, ¿podrías solicitar otros empleos? Si es así, puedes presionar más. Si no tienes otras alternativas de empleo, tendrás que asegurarte de que el argumento, cuando menos, ¡te deje todavía con uno!

Veamos otro ejemplo. Considera que estás en una discusión sobre comprar una casa y no puedes acordar un precio con el vendedor. ¿Cuáles son las alternativas con las que cuentas? ¿Cuán importante es para ti comprar esa casa ahora mismo? ¿Cuán importante es para el agente vendértela a ti? Si hay muchas otras personas alrededor que están dispuestas a comprar la casa a un precio mayor que tu oferta, tu caso es débil y no tiene mucho sentido insistir. Si no hay otros compradores alrededor y no es urgente que te mudes de inmediato, puedes insistir en tu propuesta.

Si tienes una buena alternativa, díselo a la otra persona.

"Está bien si usted no está dispuesto a aceptar mi oferta por este automóvil. Vi un auto que me interesa en otra agencia y averiguaré si puedo hacer negocios allá."

¿Qué es lo que en realidad quieres?

Quizá creas que sabes qué quieres obtener de una discusión, pero piénsalo con atención. ¿Cuáles son tus metas reales a largo plazo? No permitas que tu posición negociadora se confunda con tus intereses básicos. Tal vez pienses que vender la casa por 400 mil libras es clave para ti. Sin embargo, ¿cómo llegaste a esa cantidad? ¿Cuáles son las metas a largo plazo que te condujeron a elegir esa cifra? Al considerar esas metas y enfocarte en ellas, otras opciones podrían surgir. Si una persona busca un aumento de sueldo, ¿qué pretende en realidad? ¿Aumentar de nivel? ¿En verdad se trata de dinero o solo desea un salario competitivo en comparación con otros empleados? Pueden existir otras maneras de satisfacer esas demandas, además de otorgar un aumento de sueldo. Crear la oportunidad de trabajar tiempo adicional, discutir oportunidades de proyectos independientes, incrementar el tipo de trabajo realizado o cambiar el nombre del puesto son soluciones alternativas, de acuerdo con la causa subyacente de la solicitud.

Punto muerto

¿Qué sucede si, a pesar de todos tus argumentos y discusiones, llegas a un punto muerto? La tentación sería alejarte y dejar la situación sin resolver, pero aún hay alternativas si los argumentos iniciales han fallado:

1. Pide una tercera opinión. En el mundo de los negocios es común buscar un árbitro para resolver una disputa. Incluso si se trata de un asunto personal, podrías solicitar la intervención de un amigo mutuo o de una persona de confianza. Desde luego, en última instancia las cortes desempeñan esa función, aunque si puedes encontrar alguna alternativa informal y más barata, puede resultar conveniente.
2. Ofertas secretas. Si la disputa es sobre un pago, existen numerosas técnicas que puedes emplear. Una bastante popular es sugerir que ambas partes, en secreto, anoten su mejor oferta. Si ambas se encuentran a 15 por ciento de diferencia entre sí, entonces se acepta el promedio, pero si existe una diferencia mayor que 15 por ciento, una tercera persona determinará cuál es la oferta más razonable. Otra posibilidad es pedir ofertas y usar la cifra más cercana a la evaluación de un experto acordado por ambas.
3. Lanza una moneda al aire. Es anticuado y simple, pero a veces funciona.
4. Tomen turnos. En un famoso caso judicial en el que se disputaba la propiedad de gran cantidad de muñecos *Cabbage Patch*, el juez ordenó que llevaran los muñecos a la corte. La esposa podía elegir uno, después el esposo tomaba otro y así continuaron hasta dividir todo el montón.
5. Existe la famosa anécdota de que se solicitó al rey Salomón que decidiera, entre dos mujeres, quién era la madre de un bebé. Él ordenó que el bebé fuera cortado en dos partes iguales. Una mujer protestó a gritos y dijo que, en ese caso, el bebé debía ser entregado a la otra mujer. El rey Salomón dictaminó entonces que la mujer que protestó tenía que ser la madre y que debía quedarse con el bebé.

Resumen

Si no necesitas forzar un acuerdo, no lo hagas. Concede a la otra persona tiempo y espacio para que reflexione sobre lo que has dicho. Si necesitas cerrar una discusión, piensa con todo cuidado qué quieres en realidad como resultado del asunto. Si parece haber un punto muerto, busca si existen otras maneras de obtener lo que en verdad deseas. Si todo lo demás falla, considera aplicar alguno de los desempates mencionados antes.

En la práctica

Si alguna vez has sido forzado a aceptar un acuerdo que no querías, ¿cómo lo logró la otra persona? ¿Qué hubieras podido hacer para evitarlo? Piensa siempre en el panorama general. ¿Dónde estarás, con y sin este acuerdo, en el transcurso de un año? ¿Este acuerdo forma parte de un asunto más amplio? Si es así, quizá no tenga sentido dañar relaciones de negocios debido a dificultades con un solo acuerdo.

Capítulo 10

Regla de Oro 10
Conserva las relaciones

Debes ver cualquier discusión en el contexto de la importancia de la relación entre la otra persona y tú. Antes de embarcarte en una discusión, debes considerar lo que ha sido esa relación entre ustedes en el pasado y lo que será en el futuro. ¿Qué impacto tendrá esa discusión, y sus posibles resultados, en su relación? Hay mucho que pensar al respecto.

¿Cuál es la razón real de la discusión?

Es importante recordar que las discusiones a menudo esconden asuntos subyacentes, en lugar de referirse a la situación que supuestamente se discute. Existe la necesidad de averiguar si el asunto presente en verdad es el motivo por el que discuten o si el problema real es algo más. Mucha gente descubre que la discusión que sostuvo en realidad reflejó una tensión o dificultad más allá. Esa discusión acerca de poner los calcetines en el cesto de la ropa sucia puede, de hecho, revelar una preocupación más profunda acerca de la relación. En el contexto de los negocios, la otra empresa puede parecer muy dura pero ¿acaso se debe a que hizo más rígidas sus políticas como consecuencia del último trato que negoció con ustedes? ¿O puede ser que la empresa atraviese por momentos complicados y, si es así, de qué manera deben ustedes abordar el trato?

¿Qué quieres?

Quizás el primer punto a analizar es que es muy raro que una persona obtenga un triunfo rotundo en una discusión. Es muy poco probable que, después de una discusión, tu oponente te diga: "¿sabes? He estado equivocado todo este tiempo y ahora veo que tú siempre tuviste razón". Así, la mayoría de las discusiones termina cuando ambas partes llegan a una especie de compromiso.

¿Quieres que sigan siendo amigos?

En un sagaz artículo acerca de cómo ganar una discusión, un periodista estadounidense escribió:

"Supón que te encuentras en una fiesta y que un pez gordo de la elite intelectual hace una exposición acerca de la economía en Perú, un tema sobre el que no sabes nada. Si bebes una bebida para fanáticos de la salud, como jugo de toronja, te reprimirás por temor a hacer gala de tu ignorancia, mientras el pez gordo cautiva a tu pareja. Sin embargo, si bebes varios martinis dobles, descubrirás que tienes FUERTES OPINIONES acerca de la economía peruana. Serás un CAUDAL de información. Discutirás con vigor y ofrecerás agudas reflexiones y, tal vez, comentarios perturbadores. La gente quedará impresionada. Algunas personas podrían incluso salir de la sala." **Dave Barry**

Es muy fácil ganar una discusión y perder muchos amigos. Ten mucho cuidado con tu manera de discutir.

Ofrecer disculpas

Existen momentos durante una discusión en los que una disculpa es necesaria. Tal vez sea evidente que te has comportado mal y que no puedes hacer otra cosa salvo admitirlo y disculparte. Negarte a hacerlo te hará parecer testarudo. Si necesitas disculparte, hazlo de manera apropiada. Tu disculpa debe involucrar los siguientes elementos:

- Claridad. "Lamento que sientas que te he tratado mal", no es una disculpa por comportarte de manera negativa. Los políticos son famosos por crear disculpas que, de hecho, no lo son si se analizan con detalle. Una disculpa adecuada debe ser una clara aceptación del mal que has causado.

- Una declaración de lo que harás para corregir el error o una explicación de por qué no puedes rectificarlo.

- Cuando una disculpa es lo apropiado, debe incluir estos puntos esenciales. Sin embargo, hay momentos en los que, a pesar de que no es obligatoria sino solo permite avanzar, una especie de disculpa resultaría útil. Algo similar a "me doy cuenta de que lo que hice/dije te ha molestado, hubiera deseado no lastimarte y lo lamento" sería apropiado. Con una frase así reconoces que has causado un daño pero evitas entrar en un debate sobre quién tiene la razón o no.

La importancia de la relación

En muchas, muchas situaciones, la relación es más importante que la discusión. En el contexto de los negocios, quizás obtengas el último centavo de tu cliente gracias a tu aterrador argumento, pero tal vez pierdas al cliente. Lograr un acuerdo justo y razonable para ambas partes producirá una relación de negocios mucho más efectiva a largo plazo.

Como consumidor recuerdo incontables talleres automovilísticos donde, siempre que fui, albergué sospechas de que me estafaban y nunca confié en ellos. Ahora soy cliente de un taller donde, después de varios tratos, he llegado a confiar en los mecánicos. En varias ocasiones han realizado tareas menores sin cobrarme o sus tarifas me han parecido moderadas. Tienen en mí a un cliente de por vida.

Estoy seguro de que todos hemos recibido un buen trato de una empresa y de que la hemos recomendado a nuestros amigos; con lo cual, por lo tanto, le hemos generado trabajo. Pero eso implica que el cliente se sienta conforme con el acuerdo. Sentirse forzado a firmar un contrato o presionado a aceptar un acuerdo no beneficiará las relaciones con los clientes y, a largo plazo, al negocio.

Recuerdo una situación en la que un empleado buscaba un aumento de sueldo y presionó mucho para obtenerlo; creo que un poco más que lo que yo consideré apropiado. Después de ceder, al año siguiente, cuando el tema de los incrementos de sueldo se presentó de nuevo, se decidió que él no obtendría un aumento tan sustancioso como otras personas, dado que "le había ido tan bien la última vez". Más tarde me enteré de que le hubiera ido mucho mejor si no hubiera presionado tanto la primera vez.

Perder una discusión

¡No puedes ganar todo el tiempo! Pero primero unas palabras de advertencia: antes te invité a tener precaución al discutir. Muchas personas que discuten con nosotros obtendrán algo de esa discusión si nosotros perdemos. Como hemos visto, existen muchas tácticas que los demás pueden emplear para engañarte o debilitarte. Aquí te presento algunas:

- Quizá te han despistado en relación con un hecho importante. No creas en una estadística solo porque alguien te la ha informado.
- El argumento que te convenció puede tener una falla lógica.
- Pueden existir argumentos contrarios al punto de vista que se te ha presentado y que no se te han ocurrido.
- Quizá te sorprendió tanto el impacto emocional del argumento que fuiste incapaz de evaluar sus méritos.
- Tal vez solo estás cansado y no quieres continuar.

No admitas la derrota con facilidad, en especial si eso te afectará en términos financieros o si causará que pierdas tu empleo. A menos que exista algún tipo de emergencia, nadie puede objetar si dices:

"Me has dado mucho en que pensar y tu caso es muy poderoso. Necesito tomar distancia y meditar acerca de los temas que hemos discutido."

De hecho, si alguien parece inconforme con ello, debes preguntarte si oculta algo. ¿Acaso le preocupa que descubras un hecho que demuestre que está equivocado?

A pesar de todo lo anterior, quizá solo necesites aceptar la derrota. Muchas personas intentan salvar su honra en esta situación.

"Lo lamento, creo que me confundí respecto de lo que discutimos. Yo pensé que discutíamos acerca de X pero tú creíste que discutíamos sobre Y."

Otras personas solo buscan finalizar la discusión sin gracia:

"Me niego a sostener una batalla de ingenio con alguien que está desarmado. Hasta luego."

Este tipo de comentario puede sonar inteligente en el momento, pero es difícil que produzca un beneficio a largo plazo. Aquí es preciso resaltar que Al Gore, al admitir la derrota ante George W. Bush, mostró una elegancia considerable y su reputación mejoró gracias a ello.

Ganar una discusión

Si has ganado en tu discusión, ¡bien hecho! Sin embargo, sé cortés en la victoria. Hablaremos más a este respecto en la Parte 2 de este libro. No obstante, si al ganar te regodeas ante tu oponente, quizá ganes la discusión pero pierdas un amigo.

Resumen

Recuerda que mantener una buena relación con la persona con quien discutes es más importante que ganar la discusión. Quizá no lograste convencerla en esta ocasión, pero se presentarán más oportunidades. Tal vez pudiste convencerla, pero pueden presentarse otros temas para discutir. Discutir puede conducir a un rompimiento en las relaciones. No permitas que eso te suceda. Discute con cuidado y fortalecerás, no debilitarás, tus relaciones.

En la práctica

Recuerda que las relaciones son más importantes que las discusiones. Tanto si ganas como si pierdes una discusión, casi siempre desearás que persista una buena relación ahora y a futuro con esa persona. Si tú eres el ganador, no te regodees frente a tu adversario: sé cortés. Si perdiste, no seas un mal perdedor. Al final, sin importar el resultado, reafirma la relación. Pasen juntos algún tiempo y solo diviértanse. Vayan a tomar un café y ríanse.

Parte 2

Situaciones en las que suelen surgir las discusiones

Después de establecer cuáles son mis diez Reglas de Oro para discutir bien, ahora analizaré algunas situaciones específicas y cómo aplicarlas. Veremos que pueden ayudarte tanto si solicitas un aumento de sueldo como si discutes con tu pareja o con tu médico. Quizá no todas estas situaciones sean relevantes para ti, pero es probable que vivas la mayoría de ellas.

Situaciones en las que suelen surgir las discusiones

Capítulo 11

Cómo discutir con las personas que amas

Las discusiones con la pareja y con la familia extendida pueden ser dolorosas y complejas. ¡También pueden durar años! Es probable que no exista otra área en la vida donde sea más importante discutir bien. ¡Quizá te consuele un poco contar con suficiente práctica en ello! No conozco a una sola pareja que piense que nunca discute lo suficiente.

> **Incorrecto**
>
> Shamrita: Dejaste tus calcetines tirados otra vez.
>
> Suni: Bueno, no voy a impedir que los recojas. Y mientras...
>
> Shamrita: ¿Qué esperas que sea? ¿Tu sirvienta?
>
> Suni: Bueno, parece que te encanta tratarme como a un niño.
>
> Shamrita: Si maduraras un poco, ¡no sería necesario!
>
> Suni: Típico, yo hago todo el trabajo y traigo todo el dinero. Tú solo ganduleas en la casa durante todo el día y lo único que te estresa son mis calcetines. ¡Necesitas conseguirte una vida!
>
> Shamrita: Bueno, tal vez debería hacerlo. Estoy atrapada viviendo contigo. Necesito tener una vida. Dejarte sería un buen primer paso.

Este ejemplo demuestra lo fácil que es que las discusiones sobre los asuntos más triviales se salgan de control y escalen fuera de toda proporción respecto del problema inicial.

De hecho, las discusiones pueden desempeñar una función benéfica en una relación. Pueden ayudar a que cada una de las partes se percate de lo que en verdad es importante para el otro. Una discusión permite que exista una expresión de sentimientos de antagonismo que, de lo contrario, se enconan. Todas las relaciones necesitan límites y fronteras. Una relación en la que una de las partes siempre se sale con la suya es inconveniente. Si una esposa se sometiera constantemente a su esposo, sería desastroso. Un juez inglés dijo en una ocasión que "con el matrimonio, el esposo y la esposa se convierten en uno y el esposo es ese uno". En la actualidad, ese es un modelo anticuado e inaceptable de relación. Las relaciones se refieren a dar y recibir; a mutualidad, si lo prefieres. Las discusiones son situaciones en las que necesitas determinar cómo los intereses en competencia pueden balancearse.

"La mayoría de las parejas no ha tenido cientos de discusiones; ha tenido la misma discusión cientos de veces." **Gay Hendricks**

Cómo discutir con tu pareja

He aquí algunos consejos básicos para discutir con tu pareja:

- *Recuerda la Regla de Oro 2.* Elige el momento y el lugar para discutir. Ya conoces los puntos débiles de tu pareja. Mi esposa sabe que, si tengo hambre, ¡no es buen momento para mencionar un tema sensible! Si existe un tema importante que requiere una discusión, intenta elegir un momento en el que ambos estén relajados y dispongan del tiempo necesario para comentarlo. Ya lo sé... ¡podría ser nunca! Pero al menos haz tu mejor esfuerzo.
- *Recuerda la Regla de Oro 3.* No importa tanto lo que digas sino cómo lo digas. No pierdas los estribos. Ya compartí contigo demasiados consejos para mantenerte sereno cuando comentamos esa regla. Si sientes que comienzas a enojarte, aléjate de tu pareja y cálmate. Perder el control no solo es perjudicial para tu relación, sino también para tu salud.
- *Nunca jamás seas violento.* Nunca golpees, arrojes cosas o amenaces físicamente a tu pareja. Si temes que podrías violentarte o lo has hecho, busca ayuda profesional de inmediato. Si tu pareja ha sido violenta contigo, piensa con todo cuidado en que tal vez lo mejor sea terminar con la relación. Todas las evidencias demuestran que quienes son violentos con su pareja una vez, suelen repetirlo. Por lo regular, una persona violenta se disculpa profusamente, solo para mostrar una violencia mucho más grave en el futuro.

- *Recuerda la Regla de Oro 4:* Escucha, escucha, escucha. Es respetuoso y apropiado escuchar con atención a tu pareja. No la interrumpas. No termines sus frases. Siempre que tu pareja exprese un punto justo, acéptalo y reconócelo. Demuestra que has escuchado lo que te ha dicho y que lo aceptas. Con frecuencia, en las discusiones de pareja, cada uno es tan minucioso para enlistar las fallas del otro que no escucha lo que el otro le dice.
- *Intenta elaborar frases en términos de lo que tú sientes.* "En ocasiones siento que te importa más tu trabajo que yo" es menos confrontante que "te importa más tu trabajo que yo". Al expresar tus argumentos en términos de lo que tú sientes, no juzgas a la otra persona y solo describes tus emociones. Esta táctica abre la puerta a una pronta reconciliación: "lamento que te sientas así. Desde luego, me importas mucho más tú que mi trabajo. Sé que a últimas fechas he trabajado hasta tarde, pero…".
- *Enfócate en el futuro, no en el pasado.* Por lo regular en las relaciones no tiene mucho sentido enfocarse en el pasado. ¿Cómo deberán enfrentar en el futuro el problema que ahora causa fricciones? Podría ser útil no criticar sino solicitar. "En el futuro, ¿podrías cargar la lavadora de trastes después del almuerzo?", podría ser más efectivo que "tú nunca me ayudas a lavar los trastes". Enfocarse en el pasado produce una disculpa y vergüenza, pero también podría provocar insultos personales, frustración y enojo. Enfocarse en el futuro ofrece una solución para el problema sin dañar la relación.
- *Recuerda mirar el problema desde la perspectiva de tu pareja.* Reconoce los beneficios que tu pareja aporta a la relación. "Sé que tienes que cuidar al bebé todo el día y que no hay nada más agotador que eso, pero…". Reconoce lo bueno. Aclárale a tu pareja que la amas.
- *Tómate un tiempo.* Si estás consciente de que su discusión está a punto de llegar a un callejón sin salida, sugiere que ambos se tomen un tiempo para reflexionar al respecto. Pueden existir más opciones que en ese momento no pueden ver. Y aclárale a tu pareja que no intentas evitar el problema. Promete retomar la discusión en un momento determinado, quizá "mañana temprano, después de dormir un poco". Consultar un problema con la almohada también

puede brindarles perspectiva. Estoy seguro de que todos hemos vivido la situación de despertar "al día siguiente" y preguntarnos por qué anoche hubo una discusión sobre un tema que parece tan trivial por la mañana. En el momento quizá parecía importante dónde debía permanecer la pasta de dientes, pero parece una tontería al día siguiente. Sin embargo, evita hacer a un lado los problemas para siempre. Esto podría disfrazar conflictos subyacentes.

- *Establece un límite de tiempo.* Si estás envuelto en una discusión, quizá valga la pena establecer un límite de tiempo y acordar retomar el tema más tarde si no lo han resuelto para entonces. Decidan hacer algo divertido después.

- *Mantente alerta a los problemas reales.* En una relación es común que un problema trivial conduzca a una discusión mayor, pero el problema trivial puede reflejar un punto significativo. La disputa por la pasta de dientes puede reflejar el problema, más amplio, de que una persona no cree que la otra la respete o que una parte siente que la otra intenta controlarla. Podemos ver esta situación en la discusión de ejemplo entre Suni y Shamrita. Al principio parecía que había una discusión acerca de calcetines, pero con toda claridad había muchos otros problemas allí. Suni sentía que Shamrita intentaba controlarlo. Shamrita parecía sentir que su vida como ama de casa era insatisfactoria. Estos son problemas grandes. Si no se resuelven, su relación podría estar condenada al fracaso. En primer lugar necesitan resolver pronto el problema de los calcetines. Los problemas mayores requerirán una conversación más larga y seria; tal vez en otro momento cuando ambos cuenten con suficiente tiempo para discutirlos.

> Suni: Bueno, creo que es positivo que hayamos ventilado estos problemas. Pienso que necesitamos tomarnos un tiempo para discutirlos con mayor profundidad. Sobre el asunto de los calcetines, intentaré recordar guardarlos en el cesto de la ropa sucia. A menudo tengo prisa para llegar al trabajo y se me olvida, pero procuraré hacerlo mejor. Pero quizá debamos dedicar mañana algo de tiempo a discutir dónde están nuestras vidas de forma más general.

Reconciliación

- *Recuerda la Regla de Oro 10.* Tal vez tu pareja es irracional o te hace una exigencia que tú consideras mezquina. No obstante, tu relación es mucho más importante que un asunto trivial. Si tu pareja siente que algo es importante, tú debes respetarlo, incluso si para ti no lo es. En nuestra situación, ¿está Suni tan desesperado por permitirse dejar los calcetines en el suelo que está dispuesto a poner en peligro su relación con Shamrita? Si realizar ese pequeño esfuerzo adicional con los calcetines significa que la relación continúe, ¿acaso no vale la pena? No te confundas pensando en "tus derechos": tus derechos pueden ser importantes en grandes debates políticos, pero en cuanto a las relaciones, lo que importa es lo que los hace funcionar como pareja.

- *Perdona.* Cuando estás con una persona todo el tiempo, la verás en sus momentos de mayor debilidad y vulnerabilidad. La verás cuando esté exhausta y frustrada. Todos necesitamos espacios para bajar la guardia y hacer a un lado las apariencias. Los miembros de una pareja se verán uno al otro cuando así suceda. Por lo tanto, no puedes esperar la perfección en ti mismo o en tu pareja. Debes perdonar y ser comprensivo.

- *Disponte a disculparte.* Como ya hemos visto, no puedes esperar que tu pareja sea perfecta y nadie puede esperar que tú seas perfecto. Disponte a disculparte. Es sorprendente cómo un oportuno "lo siento mucho. No debí decir eso" puede transformar una situación, que pudo haber conducido a un pleito mayor, en una noche placentera. Disculparse no cuesta nada. Si no te disculpas tu pareja sentirá que no has entendido sus sentimientos y que no te importa. Ten presente que disculparte por herir los sentimientos de alguien o por decir algo cruel no significa que hayas perdido la discusión. Pueden retomar el tema que te hizo decir algo inapropiado una vez que la tensión se haya disipado.

- *Sé positivo.* Si has tenido una discusión, asegúrate de que algo bueno surja de ella. De lo contrario, tendrás esa misma discusión una y otra vez. Un resultado positivo casi siempre consiste en que ambas partes acuerden cambiar su conducta. Suni necesita aprender a recoger sus calcetines y quizá Shamrita a no criticar a Suni cada vez que lo olvide. Y si han llegado a un acuerdo, esfuérzate al máximo para respetarlo.

Correcto

Shamrita: Dejaste tus calcetines tirados otra vez.

Suni: Mira, lo siento mucho. Tenía mucha prisa esta mañana. Lamento que hayas tenido que decírmelo. Debe ser muy molesto para ti.

Shamrita: De acuerdo.

Suni: Parece que con frecuencia hago cosas que te molestan. Me pregunto si ayudaría que dediquemos un poco de tiempo mañana por la tarde para hablar al respecto.

Shamrita: Eso sería bueno. ¿De verdad te regaño tanto?

Suni: Eso me parece a veces. Podremos hablar mañana de esto. Vayamos a cenar algo rico y a dedicarnos un poco de tiempo de calidad.

Resumen

Es crucial que discutas bien en tus relaciones. Discutir bien es una habilidad importante en una relación saludable. Trata a tu pareja con respeto y escucha con atención. Recuerda que los asuntos que podrían parecerte triviales pueden ser relevantes para tu pareja. Platiquen juntos sobre los problemas y lleguen a soluciones que funcionen bien para ambos.

En la práctica

He aquí algunas frases útiles:

- "Lamento mucho haberte molestado. Te amo mucho y no quiero lastimarte. Creo que necesitamos tomarnos un tiempo para discutir esto. Demos un paseo mañana, junto al río, y hablemos sobre la situación."

- "Sé que no quieres molestarme, pero cuando dices cosas como estas siento que en realidad no me respetas."
- "Mira, creo que tenemos un problema aquí. Estoy consciente de que el futbol es muy importante para ti y de que te diviertes mucho. Sin embargo, significa que me dejas con los niños la mayor parte del sábado y siento que no dispongo de tiempo para mí. ¿Podemos hablar para encontrar una manera de resolver esto?"

Capítulo 12

Cómo discutir con tus hijos

¿Por qué será que los hijos pueden ser más exasperantes que ninguna otra persona? La mayoría de los padres se desesperará con sus hijos en algún momento:

"Es solo que no escuchan. No puedo lograr que hagan nada. Es una discusión interminable."

Quizá no deberíamos sorprendernos. Inevitablemente, los padres tienen que tratar a sus hijos como no se atreverían a hacerlo con nadie más. ¿Alguna vez has intentado decirle a un adulto que es momento de irse a la cama o que sus prendas no combinan? No nos gusta que alguien nos diga lo que tenemos que hacer y no es sorprendente que a los niños tampoco les agrade. Recuerda que los niños también tienen derechos. Las diez Reglas de Oro aplican tanto para los niños como para los adultos.

Incorrecto

Papá: Steve, no vas a salir hasta que termines tu tarea escolar.

Steve: Mira, papá, tengo 15 años, no siete. La haré más tarde.

Papá: Escucha, soy tu papá y harás lo que yo te diga.

Steve: De acuerdo, haré mi tarea escolar mañana temprano. Tengo que marcharme ahora o me perderé la fiesta.

Papá: Si te vas a la fiesta, no te daré dinero durante el resto del mes.

Steve: Bueno, de cualquier manera lo haré. Me voy.

Papá (sujeta el brazo de Steve y grita): Harás lo que yo te ordené. No irás a ninguna parte.

Steve (empuja a su papá): Suéltame, papá.

(Steve se marcha.)

Esta escena es típica de numerosas interacciones entre adolescentes y padres. Al final del capítulo regresaremos a este punto para ver cómo esta discusión pudo desarrollarse mucho mejor.

Tácticas

Aquí te presento algunas de las tácticas que los padres suelen emplear en discusiones con sus hijos:

1. *Amenazas:* "Haz tu tarea escolar o no recibirás dinero esta semana."
2. *Recompensas/sobornos:* "Haz tu tarea escolar y te daré dos libras adicionales esta semana."
3. *Lógica:* "Haz tu tarea escolar y obtendrás mejores calificaciones en tus exámenes."
4. *Poder:* "Haz tu tarea escolar porque yo lo digo."
5. *Culpa:* "Hemos hecho tanto por ti que, sin duda, lo mínimo que podrías hacer es cumplir con tu tarea escolar."

No hay nada que implique algo malo en alguna de estas tácticas, pero necesitas tratarlas con precaución. Analizaremos una por una.

Amenazas

¡Las amenazas son un arma importante en el arsenal paterno! Los padres pueden controlar con facilidad el acceso de sus hijos a las cosas que desean. En el caso de los niños pequeños, los padres pueden incluso imponer su voluntad en términos físicos (por ejemplo, cargarlos para llevarlos a su habitación). Sin embargo, es preciso emplear las amenazas con precaución pues pueden ser utilizadas de forma errónea:

- No profieras amenazas que no pretendas cumplir. Tu hijo pronto descubrirá que no las cumples. De hecho, los niños mayores se darán cuenta de inmediato de que no tienes la intención de hacerlo.
- Comienza con amenazas leves antes de incrementar el nivel. Empieza con "tendré que considerar si te reduzco la cantidad semanal de dinero…".

- Sé proporcional. No hagas amenazas que queden fuera de proporción respecto de la falla cometida. La mayoría de los niños tiene un fuerte sentido de lo que es justo.

En muchos casos es mejor expresar la amenaza en términos de una opción para el niño.

> **Ejemplo útil**
>
> "Puedes elegir arreglar tu habitación y recibir tu dinero semanal o decidir no arreglar tu habitación y no recibirlo."

Uno de los beneficios de expresar las amenazas en términos de opciones es que enseña a los niños que hay consecuencias por sus acciones. Esta es una lección que ellos necesitan aprender para la vida. Esto también los motiva a elegir entre las consecuencias. Desde luego, esta táctica solo es inteligente si estás preparado para que el niño no arregle su habitación y para retirarle el dinero semanal como resultado.

Recompensas/sobornos

Esta es quizá la táctica favorita entre los padres. Siempre se siente mejor ofrecer una recompensa que un castigo. Una vez más, existen riesgos:

- Intenta no caer en el hábito de usar sobornos todo el tiempo. Deben existir algunas cosas que los niños hagan por sí mismos. Reserva los sobornos para lidiar con situaciones inusuales (cuando no quieren ir al entrenamiento o el niño grita en el restaurante).
- Si ofreces un soborno o beneficio, asegúrate de que suceda pronto. Es poco probable que un beneficio para la semana próxima sea tan efectivo como un beneficio que ocurra justo después de que la tarea haya sido realizada.
- Asegúrate de que tu soborno sea proporcionado. No emplees grandes sobornos para lograr que un niño haga algo sencillo.

La principal desventaja de los sobornos es que el niño puede aprender con facilidad que la mejor forma de obtener cosas agradables es comportarse mal. De esa manera, reciben un soborno por portarse bien. Es muy importante, por lo tanto, emplear recompensas, más que sobornos. Si un niño se ha portado bien y ha arreglado su habitación, como se le solicitó, dale una recompensa después. Como dicen muchos expertos, si prestas atención a la mala conducta e ignoras la buena, ¡estás en problemas! Sin embargo, si un niño se porta bien, la tentación como padre es ignorarlo y continuar con tus asuntos.

El otro beneficio de usar recompensas es que refuerzan la lección, una vez más, de que las acciones tienen consecuencias. Como ya hemos dicho, una lección crucial para los chicos es aprender que lo que quizás ahora se siente bien, puede no ser lo mejor posteriormente. Hacer algo menos placentero ahora puede producir beneficios más tarde. Y si hace lo que causa placer en el momento (digamos, comerse un bote entero de helado), tal vez lo lamente después. Mira cómo son las cosas, ¡esa es una lección que algunos de nosotros todavía estamos aprendiendo!

Lógica

Desde luego, no a todos los niños ni todas las situaciones pueden tratarse con lógica. Los niños más pequeños o aquellos que están muy enojados no pueden apreciar un argumento cuidadosamente estructurado. Además, puede no haber tiempo suficiente. Sin embargo, siempre que sea posible, usa la lógica y argumentos sólidos con tu hijo, si no por otra razón, porque será más fácil y menos agotador que emplear sobornos o amenazas. Lo más importante es que usar la lógica enseñará a tu hijo cómo tomar decisiones y cómo pensar por sí mismo.

Utiliza argumentos que se adapten a la manera del niño de percibir el mundo. Decirle a un pequeño de siete años de edad que haga su tarea escolar para que pueda obtener un sitio en una buena universidad no es muy probable que funcione. El mismo argumento para un chico de 17 años de edad puede tener más éxito. No asumas que los argumentos que son persuasivos para ti también lo serán para tu hijo. Quizá pienses que "te dará mucho frío con esa ropa" es un argumento abrumador, pero para el pequeño tal vez no lo sea. De igual manera, "todos mis amigos lo hacen" suena como un argumento terrible para un adulto, pero es muy poderoso para los niños.

Aquí es cuando escuchar es muy importante.

> **Ejemplo útil**
>
> "¿Por qué crees que es una buena idea?"

Debes descubrir qué es lo que motiva al niño a tomar esa decisión. ¿Puedes aplicarlo para obtener lo que deseas? Así, el chico que desea ponerse un atuendo ligero, porque así lucirá a la moda, podría acceder a ponerse un abrigo hasta llegar a un sitio cercano a la fiesta.

Poder

Es raro que esta sea una manera efectiva de ganar una discusión. Mientras mayor sea el niño, menos probable es que funcione. En cualquier caso, no es educativo. La única lección que enseña es que, si eres más fuerte que otra persona, puedes y debes imponerle tu voluntad. Sermonear a los hijos, incluso si logras que hagan lo que tú quieres, a la larga puede enajenarlos. Es mucho más efectivo persuadir a tu hijo para que piense por sí mismo y, por lo tanto, llegue a una conclusión razonable.

Dicho todo lo anterior, hay momentos en los que no existe otra opción salvo ejercer el poder. Si el niño tiene que asistir a una cita en el hospital y se niega a salir, quizá solo habrá tiempo para cargarlo y meterlo al automóvil. No obstante, después de haberlo hecho, comenta el tema con el niño. Habla acerca del motivo por el que tuviste que llevarlo a cuestas.

Culpa

La culpa es un argumento que los padres acostumbran utilizar. Todos los padres realizan grandes sacrificios por sus hijos y algunos hijos parecen ser particularmente ingratos. ¿Qué padre no ha pensado que su hijo no tiene idea de lo afortunado que es?

Sin embargo, usar la culpa no es productivo. Recuerda la Regla de Oro 10: la relación a largo plazo es la clave. Una relación que se construye con base en la culpa y en el sentido de obligación no es muy probable que sea benéfica a largo plazo. Hay momentos oportunos para recordarles a los hijos cuántas ventajas tienen en comparación con otros niños, pero decirles todo aquello que has hecho por ellos no suele ser una buena idea. En todo caso, todos sabemos que ellos crecerán y dirán: "¡yo no decidí nacer!". Recordarle a un niño todo lo que has hecho por él puede crear resentimiento y deja de lado el problema real. Si un niño simplemente hace lo que le ordenas debido a sentimientos de culpa, no estás creando la base para una relación benéfica.

Por ejemplo, imagina que tu hijo está enfurruñado en una juguetería, cuando van a comprar un regalo para la fiesta de cumpleaños de su amigo, porque no comprarás un regalo también para él. La tentación es decir: "tú no sabes cuántas cosas hago por ti, ¡y siempre quieres más! ¡No sabes lo afortunado que eres!". Esto bien podría ser verdad, pero cuando un niño está enfurruñado en medio de una juguetería, es poco probable que responda a este tipo de argumento. Sería mejor decirle: "gracias por mostrarme el juguete que deseas. La próxima vez que vayamos a comprarte uno, esa será una opción genial. Hoy no es tu turno para comprarte juguetes pero, si te portas bien, pensaremos en comprarte uno muy pronto".

Principios generales para niños

He aquí algunas reglas importantes en relación con los niños:

- *No apliques castigos corporales.* La mayoría de los expertos en el campo (incluso pediatras, trabajadores sociales y académicos) cree que el castigo corporal es ineficiente y dañino.
- *Guarda la calma.* En ocasiones, gritarle a tu hijo puede ser efectivo para alcanzar un objetivo a corto plazo, pero a largo plazo le enseña que gritar es apropiado y lo usará cuando pierda el control. Cuando sea posible, ¡los padres deben modelar la buena conducta! Desde

luego, todos los padres gritan de vez en cuando y no serías un ser humano si no lo hicieras, pero hazlo en contadas ocasiones. Si tu hijo es exasperante, simplemente tómate un tiempo para calmarte. Aléjate y date un respiro. Bebe un vaso con agua. Pide a tu pareja que se encargue de él. De hecho, es sorprendente con cuánta frecuencia la introducción de una nueva persona en la situación puede conducir a una pronta solución.

- *Elogia a tu hijo.* Incluso cuando lo corrijas, enfatiza las cosas buenas que hace y motívalo a actuar bien en las situaciones sobre las que discuten. También recuerda darle recompensas y motivación por la buena conducta. Si la buena conducta no obtiene respuesta y la mala conducta provoca un regaño, entonces la mala conducta puede convertirse en la única manera en la que tu hijo reciba una respuesta de tu parte. Debes aprender a reconocer el comportamiento que busca atraer tu atención. Los niños pueden ser provocativos solo porque están cansados y necesitan un poco de atención. Interrumpir la discusión y darles un abrazo puede ser muy efectivo. Desde luego, si ese es el problema, incluye algo de tiempo de calidad con ellos para que no necesiten recurrir a la mala conducta con la finalidad de que los escuches.

- *Trata a tu hijo con respeto y como a una persona inteligente.* Dale motivos para actuar de manera razonable. Escuchar los motivos que tu hijo tiene para no cumplir con lo que tú le dices puede ser importante. Podrías decidir, cuando lo escuches con toda atención, que tiene razón, después de todo. Recuerda que las cosas que son importantes para los niños no necesariamente son las cosas que los adultos consideran importantes. No puedes esperar que sea un adulto pequeño, sino un buen niño. Todo esto dará a tu hijo lecciones invaluables para la vida a medida que aprende a pensar por sí mismo en los problemas. Al tratar a tu hijo con respeto y como a una persona inteligente, es más probable que él te trate a ti (y a otras personas) de la misma manera.

- *Dedica tiempo a convivir con tus hijos.* La única manera de conocer bien a tus hijos es pasar tiempo con ellos. Solo entonces sabrás qué es lo que provoca las disputas y qué tipo de razones es más probable que escuche cuando surjan discusiones. Existen suficientes evidencias de que las buenas relaciones con los padres pueden beneficiar a los hijos en términos de educación, bienestar psicológico y felicidad.

- *La consistencia es clave.* Si tienes reglas, apégate a ellas. Si hay recompensas o castigos que se deriven de la conducta, respétalos.

- *Ten cuidado con las frases que uses.* Los adultos estamos acostumbrados al uso de frases desagradables y, por lo regular, somos capaces de ignorarlas o de ponerlas en contexto. Para los niños esto resulta mucho más complicado. "Eres estúpido" puede, con toda facilidad, provocar una carcajada en un adulto, pero no en un niño. Entonces, sé particularmente cuidadoso con los ataques personales a un menor. Concéntrate en señalamientos acerca de su conducta, no de él como individuo. Esto reviste una importancia extrema. Los problemas de autoestima que se desarrollan en los niños pueden transformarse en conflictos mucho mayores en el futuro; por lo tanto, atiende el problema/la conducta como núcleo de la discusión, pero no ataques a la persona. Di "¡escribir en la pared no está bien!" en lugar de "¡eres un niño travieso y tonto!".

> **Ejemplos útiles**
>
> "Esa conducta es inapropiada para un niño de tu edad" (en lugar de "tu comportamiento es infantil"). Para un niño más pequeño, di "así es como actuaría un bebé de dos años. Tú ya tienes tres".
>
> "No me gusta que uses ese tipo de lenguaje" (en lugar de "eres muy grosero").
>
> "Tú eres una persona muy lista, pero no me lo parece cuando hablas así" (en lugar de "eres estúpido").

- *Recuerda que los niños aprenden de ti cómo discutir.* Habla de forma agresiva, no escuches, sé abusivo, grita, y los niños aprenderán que esa es la manera correcta de discutir.

Niños indomables

Quizá las situaciones más difíciles surjan cuando los niños están enojados y tú intentas comentar la cuestión con ellos. En primer lugar, recuerda que la ira es una emoción normal y natural. La dificultad para los niños suele ser cómo lidiar con ella. No cometas el error de pensar que un niño se porta mal porque se siente enojado. Los problemas pueden deberse a cómo se manifiesta dicho enojo.

Aquí te presento algunos consejos:

- Averigua por qué está enojado el niño. ¿Qué es lo que saca de quicio a tu hijo? ¿Es algo que puede resolverse con facilidad? Algunos niños pierden los estribos cuando están hambrientos o cansados. Tal vez un bocadillo sea la respuesta. Asegurarte de que el niño descanse lo suficiente puede ser la clave. ¿Hay algo que tú haces que provoca su ira? Recuerda: es muy fácil ver la situación solo con ojos de adulto. Para ti, el hecho de que un niño esté molesto porque ha perdido su osito de peluche, cuando tiene docenas, no tiene sentido, pero no es así como los niños perciben el mundo.
- Dile al niño que comprendes su molestia. Haz tu mejor esfuerzo para empatizar con tu hijo.

> **Ejemplos útiles**
>
> "Me doy cuenta de que estás muy enojado."
>
> "¿Sabes? Yo también me enojo a veces. Puedo ver que estás muy molesto."
>
> "Cuando Sue te hizo eso fue muy fastidioso, ¿no es así?"

- Reconoce que el niño está enojado y, si sabes por qué se siente así, considera también el daño que le han causado. Según la edad del menor, quizá sea apropiado ayudarlo a darle nombre a la emoción que siente. Hablar acerca del enojo y las respuestas emocionales con los niños puede tener un valor inconmensurable. Ponerte de su parte y ser su amigo, en lugar de confrontarlo cuando se encuentra enojado, puede fortalecer su relación. Después puedes atender la situación que te preocupa, una vez que el niño se haya calmado.

- Enséñale al niño una buena manera de expresar su enojo. Es mejor hacer esto después, cuando el niño ya esté tranquilo. Pregúntate: ¿qué debe hacer cuando se sienta enojado? Quizá debas motivarlo a salir y hacer algo que requiera energía ("cuando te sientas enojado, ¿por qué no sales a pasear en tu bicicleta?" "¿Por qué no golpeas una almohada cuando te sientas furioso?"). Mi esposa le dice a nuestra hija que tiene permiso de enojarse tanto como quiera en su habitación y patalear tan ruidosamente como le plazca, siempre que sea ahí dentro. Tú tienes que darle a tu hijo una vía de expresión para su enojo y su frustración y ayudarlo a reconocer la ira como un sentimiento normal. Enseña a tu hijo que lo que *hace* con su ira es lo que puede ser dañino para sí mismo y para los demás y ofrécele maneras saludables para expresarla.

- Escucha lo que el niño dice y asegúrate de que se percate de que lo escuchas. Repítele lo que te ha dicho para confirmar que has comprendido bien. Necesitas enseñarle que escuchar a las demás personas es importante. ¿Por qué debería escucharte si tú no lo escuchas a él?

- En ocasiones resulta tentador considerar que los problemas de ira de tu hijo son "su" problema. Sin embargo, es mejor percibirlos como algo que concierne a toda tu familia. De hecho, la escuela y los amigos podrían participar también en la solución.

- Cuando un niño se siente enojado o exaltado, no es el momento adecuado para sostener una discusión productiva. Tampoco para corregirlo. Necesitarás atender más tarde el problema, cuando el niño esté más calmado.

Ejemplo útil

"Esta mañana, cuando Silvie cambió el programa de televisión que tú estabas viendo, te enojaste mucho con ella y le dijiste algunas cosas muy feas. Es importante que vayas a disculparte con ella."

- Tal vez ayude ponerte en el mismo nivel visual del niño o colocarte a su lado. Cada niño es diferente, de manera que necesitarás averiguar cuál es la mejor manera de comunicarle que estás con él y que lo ayudarás. Usa una voz tranquila y una expresión amigable. Dependiendo del niño, abrazarlo o tocarlo puede ser útil. Otros niños preferirán que les des espacio y no querrán que los toques mientras están enojados.
- Hazlo breve. Los niños no quieren (y rara vez es útil) hablar mucho. Atiende pronto el problema. Ya habrá otra oportunidad para conversar con mayor profundidad.
- Puede suceder que existan problemas médicos relacionados con la conducta de tu hijo. Una charla con el pediatra podría tranquilizarte o él podría ofrecerse a realizar algunas pruebas si te preocupa que se trate de algo más que un comportamiento infantil normal.

Adolescentes

Muchos de los principios que hemos comentado son aplicables para los adolescentes. He aquí algunos puntos clave:

- Dedica tiempo a estar con los adolescentes, pero sé consciente de su deseo de privacidad y espacio. Quizá solo necesites estar allí y mostrarte disponible, incluso si no hablas con ellos de forma directa. Cuando discutan, intenta emplear preguntas abiertas: "¿qué tal tu día?", en lugar de preguntas cerradas: "¿tuviste un buen día?", cuyas respuestas pueden ser "sí" o "no". Si tu adolescente está dispuesto a hablar, usa ese tiempo para conversar, no como oportunidad para regañar. Las discusiones pueden tomar la forma de "conversaciones" en este contexto.
- Escucha sus argumentos y respétalos. Intenta responder con argumentos que ellos aprecien. Por ejemplo, el hecho de que tú y tus amigos piensen que determinado atuendo es inapropiado no persuadirá a un chico que se considera a la moda. Lo cierto es que, para muchos adolescentes, el hecho de elegir cómo vestirse es un

aspecto crucial de su identidad e independencia personal. Esto debe ser respetado y comprendido.

- Muchos adolescentes sufren problemas de autoestima. Sé sensible ante ello, en particular en relación con situaciones de apariencia personal. No los critiques con severidad ni hagas comentarios despectivos. Incluso las bromas pueden ser mal recibidas. Fortalece a tus hijos. Respétalos como personas.
- Para algunos adolescentes, manejar y expresar emociones es complicado. Tú necesitas comprender y apoyar a tu adolescente durante esta etapa. Con gentileza ayúdalo a expresar esas emociones de maneras apropiadas. Es poco probable que regañarlos o castigarlos los ayude.
- Recuerda que, para muchos adolescentes, su estatus con sus amigos es muy importante. Regañarlos porque su habitación está desordenada frente a sus amigos no te hará ganar muchos puntos. Lo mejor es atender cualquier problema cuando estés a solas con tu hijo.

Correcto

Papá: ¿Adónde vas, Steve?

Steve: Voy a una fiesta. Conseguí un aventón pero tengo que marcharme ahora.

Papá: Pero ¿ya hiciste tu tarea? ¿Cuándo tienes que entregarla?

Steve: Mañana.

Papá: Entonces, ¿cómo vas a hacerla?

Steve: La haré mañana temprano.

Papá: ¿Estás seguro de que te levantarás a tiempo?

Steve: Debo hacerlo.

Papá: Bueno, te meterás en problemas con la escuela si te quedas dormido.

Steve: Es verdad. Mira, me aseguraré de regresar a las 11 de la noche y programaré el despertador a las 7:30.

> Papá: De acuerdo, pero usaremos esto como un caso de prueba. Si no funciona en esta ocasión, ¿estás de acuerdo en que, en el futuro, deberás terminar tus tareas escolares antes de salir? Solo podrás salir esta vez si lo aceptas.
>
> Steve: Me parece bien. Adiós, papá.

Resumen

¡Los hijos son grandiosos! Motiva a tus hijos a ser buenos en lugar de exagerar tu reacción cuando se porten mal. Siempre que sea posible, intenta razonar con ellos y darles buenos motivos para actuar de la manera en la que lo deseas. Comenta con ellos por qué las cosas salen mal. Ayúdalos a aprender acerca de las consecuencias que se derivan de sus decisiones. Ámalos siempre. Mucho.

En la práctica

Conversa con tu hijo tanto como puedas. ¿Qué le provoca enojo? ¿Qué tipo de persona intenta ser? ¿Qué disfruta? Prueba argumentos que se apoyen en estos aspectos. Intenta, tanto como puedas, resolver los problemas junto con tu hijo en lugar de solo ordenarle lo que tiene que hacer.

Capítulo 13

5

Discusiones en el trabajo

¿Discutes con frecuencia en tu trabajo? ¿Te resulta difícil defenderte? ¿La gente te dice lo que tienes que hacer y tú terminas por discutir o te encoges y sientes como si fueras un tapete? ¿Eres el jefe y a menudo te envuelves en discusiones con tus empleados? Esta sección te enseñará algunas estrategias clave para las discusiones en el trabajo.

Incorrecto

(Mónica y Jessica están en una junta de trabajo con sus colegas.)

Mónica: Me gustaría proponer que sigamos adelante con este negocio.

Jessica: ¿Qué? ¿Cómo la propuesta con ese desastroso trato de Birmingham de hace un par de años?

Mónica: Bueno, ya es momento de dejar eso en el pasado. Así como lo hemos hecho con la imposible excursión de la empresa del año anterior.

Jessica: De acuerdo. ¿Dónde están tus cifras para este negocio? ¡No es que vayamos a creer en ellas!

Mónica: Parece que no tiene sentido discutir esto.

Jessica: ¡Cuánta razón tienes! Yo guardaría silencio si fuera tú.

Jefe: A ver, Mónica y Jessica, creo que ambas necesitan tranquilizarse. Ninguna de las dos está dando una buena impresión.

Evita las discusiones siempre que sea posible

Los sitios de trabajo pueden ser lugares intensos. Los niveles de estrés pueden ser altos y es fácil perder los estribos o involucrarte en discusiones que más tarde lamentes. Sigue la Regla de Oro 2: ¿esta discusión en verdad es importante? ¿Es el momento y el lugar adecuado para llevarla a cabo?

Tal vez exista alguien en la empresa con quien discutes con frecuencia. ¡Evita a esa persona! O asegúrate de que no esté incluida en los proyectos en los que estés involucrado. Mejor aún, intenta reunirte con esa persona para que puedan reconciliar su relación y se mantengan en una situación más equitativa.

Sé motivador y ensalzador. Ser positivo en el lugar de trabajo hará que sea más fácil para ti si hay cuestiones que requieren cambiar. La gente también escuchará tus quejas si sabe que por lo general estás de su parte y la apoyas.

El momento y el lugar

Ya analizamos este tema cuando comentamos la Regla de Oro 2. Sin embargo, las preguntas que debes formularte a ti mismo revisten una importancia especial aquí. En particular:

- ¿Lo más conveniente es sostener esta discusión en una junta o en privado?
- Si una reunión privada es lo mejor, ¿quieres que alguien más esté contigo o funcionará mejor frente a frente?
- ¿Este asunto se resolverá mejor por escrito o cara a cara? Si es en persona, ¿ayudará enviar primero un mensaje por correo electrónico para expresar tus preocupaciones?
- ¿Puedes imaginar un mejor momento para sostener esa discusión? Por ejemplo, quizá lo mejor sea evitar que suceda el viernes a las cuatro de la tarde.

Si eres un empleado de menor rango o si eres nuevo en la empresa, tal vez lo mejor sea revisar si este es un buen momento para exponer tus preocupaciones:

"Tengo un par de preguntas acerca de esta propuesta. ¿Es este un buen momento para comentarlas?"

Demuestra que, para ti, lo primero es la empresa

Muchas empresas están llenas de personas con egos considerables. En ocasiones se motiva la competitividad entre colegas, pero tú debes demostrar que, para ti, lo primero es la empresa. Expresa tus argumentos en términos de lo que funcionará mejor para la compañía, no lo que funcionará mejor para ti. Al expresar tus argumentos en términos de lo que ayudará a la empresa, atraerás el apoyo de otros empleados. También puedes comenzar a encontrar un poco de territorio común. Con suerte, todo el mundo estará de acuerdo contigo en que promover a la compañía será lo más conveniente. Si puedes señalar que la persona con quien discutes da preferencia a sus intereses sobre los de la empresa, estás en camino de ganar en la discusión.

De igual manera, revisa por qué sacas a la luz este problema y creas una discusión. ¿Es solo un intento por quedar bien? ¿O de hacer que alguien más quede mal? ¿O es un asunto que en verdad es importante para la empresa? Sé un poco suspicaz respecto de tus motivaciones. Las discusiones con motivaciones negativas pueden tener consecuencias serias. Evítalas.

Elige con atención tus argumentos

En la vida de los negocios existen muchos temas por los cuales discutir. Es probable que pienses que muchas cosas podrían hacerse mejor. No obstante, si te forjas la reputación de ser del tipo de persona que discute por todo, tus argumentos perderán fuerza. Deja que otras personas se encarguen de esa discusión acerca de la cafetera y espera los temas importantes. A menudo, la gente suele escuchar con atención a la persona que habla poco cuando tiene algo que decir. Es fácil que los demás reciban a la persona que discute todo el tiempo con un "aquí vamos otra vez".

Motiva la discusión

Si te encuentras en una posición directiva, puede existir la tendencia a desmotivar las discusiones. No siempre es buena idea. Mientras más dé voz la gente a sus ideas y preocupaciones, mejor, cuando menos en cuanto a los temas relevantes. Tu deseo es que las preocupaciones y los asuntos se expresen y se atiendan ahora mismo, en lugar de esperar hasta que la propuesta esté bien desarrollada. Esto es especialmente tentador en juntas directivas para poner en marcha los proyectos. A pesar de que la velocidad es importante, tomar decisiones correctas es más importante aún. El resentimiento puede acumularse con facilidad entre la fuerza de trabajo si se considera inapropiado que diga lo que piensa. Involucrar a personas que en secreto se oponen a tu plan no es muy probable que sea productivo. De igual manera, si se desarrolla una tradición de agresividad en las juntas en las que hay desacuerdos, esto disuadirá a la gente de expresar su opinión. Motiva una escucha respetuosa ante todos los puntos de vista. Este es el motivo por el que los términos como "lluvia de ideas" pueden ser útiles. El acuerdo es que se aportará toda clase de ideas, sin dar la impresión de que es una discusión con la que la gente debe alterarse.

Haz que los demás estén de tu lado

Si planeas una reunión o confrontación, consigue gente que esté de tu lado. Comenta el tema con tus colegas por adelantado. Podrías averiguar quién es probable que se oponga a tus ideas y por qué, pero lo más importante es que el hecho de saber que hay personas que te apoyan y que estarán contigo en la junta fortalecerá tu posición. Si, inmediatamente después de tu presentación, mucha gente se arremolina a tu alrededor para decirte que está de acuerdo contigo, fortalecerás tu posición aún más. Quizá descubras que existe un tema en particular que preocupa a alguna persona y puedes ganártela si haces una pequeña concesión. Es mucho más fácil hacer esto antes de la junta que durante la misma.

Nunca, nunca pierdas los estribos

Perder los estribos en el trabajo es desastroso. Te hará lucir poco profesional y carente de control. Si tienes tendencia a perder los estribos, usa todas tus habilidades para evitarlo. Consulta la Regla de Oro 3. Si te diriges a una junta estresante y puedes prever que te enojarás (quizás asista una persona en particular que te hace enfurecer), imagina que te provocan pero que tú permaneces en calma. Pensar con antelación en estas situaciones y controlar tu temperamento reviste una importancia extrema. Tus argumentos razonados serán escuchados si los presentas con calma y profesionalismo. Lo más probable es que, si pierdes los estribos, pierdas la discusión.

Haz que las diferencias se resuelvan

Con las discusiones, la tentación es encontrar un compromiso y presionar más. En ocasiones esta táctica puede funcionar, pero ten cuidado: un compromiso puede poner en evidencia diferencias esenciales de enfoque entre dos facciones dentro de la empresa. Tal vez ambas firmen en la línea punteada al calce del proyecto, pero aun así tener en mente visiones fundamentalmente diferentes. Es importante resolver estas diferencias, si es posible. No obstante, puede suceder que no exista solución posible y que sea necesario tomar un curso de acción. En ese caso, haz lo que puedas para mantener a todo el mundo a bordo. Asegúrate de que, cuando menos, todos sientan que han sido escuchados. Reconoce lo que han dicho y señala que el hecho de escuchar todos los argumentos ha ayudado a producir la mejor decisión. Siempre que puedas, indica sus preocupaciones y demuestra cómo las has tomado en consideración. Encuentra cosas positivas para todos en el acuerdo.

Sé honesto

Si estás desesperado por ver que tu proyecto es promovido o que tu idea es aceptada por la empresa, puede existir la tentación de modificar las cifras o disfrazar problemas potenciales. Nunca mientas. Si te descubren, puede ser el final de tu carrera. Quizá nunca más confíen en ti. Ese riesgo no vale la pena.

Para sanar después de una discusión

Si has tenido una confrontación en el trabajo, procura resolverla pronto. Si te has comportado de manera inapropiada, discúlpate y asegúrale a la otra persona que eso no volverá a suceder. ¡Esto es muy importante si has sido grosero con tu jefe! Ser honesto y profesional con él te colocará en la mejor posición para conservar tu empleo.

Si has tenido un enfrentamiento en tu trabajo y tú eres el jefe, de todas maneras tendrás que reparar las relaciones que se hayan dañado por la discusión. Si no lo haces, las facciones se unirán en tu contra y te resultará mucho más difícil ejercer tu autoridad. Restablecer la armonía en la oficina es fundamental, de manera que haz tu mejor esfuerzo para resolver las diferencias y dejarlas atrás. Si te has comportado mal, ofrece disculpas por tu conducta. Las disculpas no son una señal de debilidad. Hace falta fortaleza para disculparse. Serás más respetado por tus empleados si te haces responsable por tus acciones.

Correcto

Mónica: Me gustaría proponer que sigamos adelante con este negocio.

Jessica: Creo que es importante que reflexionemos con toda atención a este respecto. Podría ser muy conveniente para la empresa, pero hemos cometido errores en el pasado y tenemos que ser cuidadosos.

Mónica: Sí, recuerdo la imposible excursión de la empresa el año pasado.

Jessica: Mónica, creo que tenemos que concentrarnos en el asunto que se nos presenta ahora. Tú has establecido con toda claridad los beneficios del negocio, pero necesitamos considerar los riesgos.

Mónica: De acuerdo. ¿Cómo debemos hacerlo?

Jessica: Bueno, existen dos escenarios "de pesadilla" sobre los que tenemos que pensar...

Resumen

Piensa en qué vale la pena discutir en tu lugar de trabajo. Siempre que sea posible, asegúrate de contar con otras personas que estén de tu lado. Esto es especialmente útil en las juntas. Expresa tus argumentos con claridad y respeto, enfocados en el bienestar de la empresa.

En la práctica

Dedica una junta solo a observar lo que las demás personas hacen y dicen. ¿Cuáles intervenciones son útiles y cuáles no? ¿Cómo logra la gente que sus propuestas sean aprobadas? ¿Qué tipos de argumentos influyen en los niveles directivos de tu empresa? Si eres director, podrías preguntarte si obtienes un rango aceptable de opiniones de tu fuerza de trabajo.

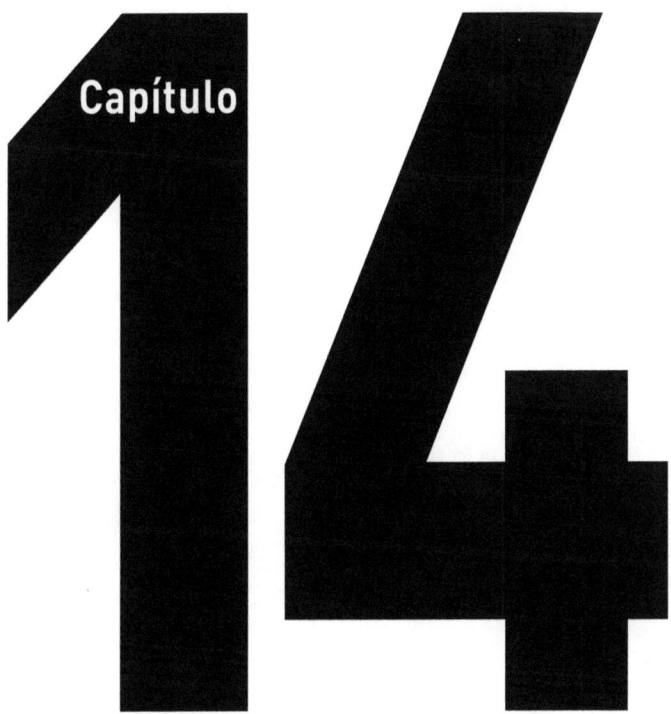

Capítulo 14

Cómo quejarte

Nos ha sucedido a todos. El producto lucía excelente en la tienda pero se desintegró cuando lo llevamos a casa. El electricista que parecía ser tan confiable cuando lo conocimos no terminó el trabajo, a pesar de que ya le pagamos. El viaje que compramos con base en el folleto no fue para nada lo que recibimos cuando llegamos. En todas estas situaciones, si lo que queremos es recuperar nuestro dinero y la discusión parece inevitable (aunque, si somos honestos, estoy seguro de que ha habido situaciones cuando no nos hemos sentido con la voluntad de hacerlo y hemos sumado dicha pérdida a nuestro caudal de experiencias). Sin embargo, si decidimos discutir, puede resultarnos difícil hacer comprender nuestro sentir a otras personas, a pesar de que la razón nos asiste. Este capítulo te mostrará que quejarte acerca de productos defectuosos o servicios deficientes no tiene que ser estresante.

Incorrecto

Jonathan: Hola, ¿allí es Clogs? Compré un par de zapatos con ustedes el día de ayer y se deshicieron tan pronto llegué a mi casa. Estoy indignado. Su servicio es pésimo. De hecho, nunca en mi vida había visto mercancía de tan mala calidad.

Tina: Buenos días, señor. ¿Puedo preguntarle cómo ocurrió el accidente...?

Jonathan: ¿Dice usted que yo rompí los zapatos? Eso es típico. ¡Sus zapatos son los que tienen problemas, no yo!

Tina: Solo necesito saber cuándo compró usted esos zapatos.

Jonathan: Muy bien, estoy harto. Si tengo que contestar algún larguísimo cuestionario solo para recuperar mi dinero, no lo haré. ¡Quiero hablar con el gerente ahora mismo!

Tina: Me temo que el gerente está ocupado en este momento, pero...

Jonathan: ¡Mentirosa! Usted sabe que no es así y yo sé que no es así. ¿Puede tratarme como a un ser humano inteligente?

Tina: Señor, solo intento ayudarle...

Jonathan: Sí, claro...

(Jonathan azota el teléfono.)

Como es obvio, Jonathan no llegó a ningún lado con esta queja. Aplicar nuestras Reglas de Oro es importante en este tipo de situaciones.

Evita la discusión, siempre que sea posible

Recuerda la Regla de Oro 2. Con muchos problemas con clientes la mejor solución es la evasión. Comprar productos de marcas reconocidas y en tiendas con buena reputación debe disminuir la posibilidad de que dichos bienes no funcionen. Existen numerosos sitios electrónicos y publicaciones que ofrecen recomendaciones acerca de la confiabilidad de ciertos productos.

En relación con contratar empleados para realizar tareas, nada supera a una recomendación personal. Si un plomero ha hecho un trabajo bueno y confiable por un precio justo para tu amigo, es probable que haga lo mismo para ti. Incluso en ese caso, vale la pena jugar a lo seguro, en especial con trabajos grandes. He aquí algunos consejos:

- Siempre firmen un contrato. Acuerden por adelantado y con toda precisión cuál es el trabajo que se hará y cuándo se realizará el pago.
- Nunca entregues el pago final sino hasta que el trabajo esté completo. Si el constructor se niega a acceder a este acuerdo, sé muy suspicaz. Guarda suficiente dinero por si necesitas pagar a otra persona para que termine el trabajo.
- Evita pagar grandes sumas por adelantado. Sin embargo, puede ser razonable que pagues por algunos materiales con antelación.
- En caso de proyectos grandes, como ampliaciones, reserva una suma para trabajos de "limpieza". Este podría ser un fondo para cualquier detalle que pudiera surgir durante, digamos, los seis meses posteriores a la terminación del trabajo. Si se presenta cualquier problema con el constructor, el dinero necesario provendrá de dicho fondo. Si no hay ninguno, el constructor puede quedarse con ese dinero. Esta táctica será un incentivo para que el constructor lo haga todo bien a la primera y para asegurarte de que no presente objeciones para resolver cualquier contratiempo que se presente.

- Asegúrate de que cualquier constructor, plomero, electricista, etcétera, forme parte de una organización profesional.

Prepárate para la queja

Si, a pesar de todos tus esfuerzos, las cosas salen mal y tú necesitas presentar una queja, recuerda la Regla de Oro 1: prepárate.

Ten muy claro en tu mente cuál es el motivo de tu queja. Quejarte de que un hotel es "horrible" no te llevará a ninguna parte. Necesitas ser preciso.

Asegúrate de conocer todo lo que está mal con un producto. Ten a la mano toda la información relevante. Necesitarás saber cuándo y dónde compraste el producto y sus detalles.

Piensa con anticipación qué compensación deseas. ¿Un reembolso total compensará todos tus costos o tuviste que realizar otros gastos como resultado del problema?

Quéjate con educación

Es natural sentirte furioso si crees que te han vendido productos de mala calidad o si recibiste un servicio inadecuado. No obstante, tu argumento será mucho más efectivo si eres educado. Recuerda que la persona con quien hablas a menudo no es quien cometió el error y que solo es un representante de la empresa. ¿Recuerdas el ejemplo previo de Jonathan? Él desahogó su enojo pero no llegó a ninguna parte respecto a obtener un reembolso.

- Emplear el nombre de la persona puede ser educado y asegurar un servicio personalizado. Entonces, si hablas por teléfono a una empresa y te responde un representante, averigua cuál es su nombre y úsalo. Ayuda a crear empatía. Demuestra que tú eres una persona real con problemas reales, no solo un "cliente quejoso".
- Cuando logres expresar tu queja, refiérete a la empresa. Si hablas con el representante de un banco, decir "creo que el banco X debe

reembolsarme este cargo" tiene muchas más probabilidades de ser efectivo que decir "creo que usted debería reembolsarme este cargo". Tú quieres mantenerte en buenos términos con la persona con quien hablas, incluso si estás en disputa con su empresa.

- Intenta ser positivo. "Su empresa me ha brindado un servicio excelente en el pasado. Estoy muy complacido con su producto, pero no podemos negar el hecho de que tardaron mucho tiempo en enviarlo. ¿No está de acuerdo en que la tardanza en el envío estuvo muy por debajo de los estándares de calidad que ustedes suelen ofrecer?"

Sé razonable

Preséntate como una persona razonable. Es poco probable que una exigencia escandalosa tenga éxito. Pedir tres mil libras para compensarte por el dolor de barriga causado por los camarones que compraste en el supermercado local solo hará que parezcas un tonto.

> **Ejemplos útiles**
>
> "Desde luego, no espero un reembolso total porque los bienes son de buena calidad. Sin embargo, he perdido dinero como resultado del retraso en el envío."
>
> "Cuando me enviaron mis víveres hoy había aguacates verdes en la bolsa. Los compré para una cena que voy a celebrar esta noche y ahora estoy en problemas. Quisiera un reembolso por el costo de los aguacates, por favor."

Busca un resultado que sea realista y razonable para ambas partes. Si discutes con un plomero, no puedes esperar que dedique las 24 horas del día a tu trabajo. Si le demuestras que reconoces que tiene otros clientes, es más probable que te ganes su buena voluntad.

Haz que compensarte sea benéfico para la empresa

La tarea de quejarte por un producto o servicio será más fácil para ti si puedes demostrarle a la empresa que obtendrá alguna ganancia por compensarte.

> **Ejemplos útiles**
>
> "Mire, siempre digo a mis amigos que su empresa es grandiosa para hacer negocios. Los he recomendado con numerosos clientes, pero no podré hablar de su empresa en términos elogiosos en el futuro si no reconocen que este servicio fue deficiente."
>
> "¿Qué tal si me hacen un descuento de diez libras en mi siguiente orden? De lo contrario podría buscar a otro minorista para la próxima vez."

Sé un poco cauteloso con el último ejemplo. Si tienes derecho a que te regresen diez libras, aceptar un descuento por la misma cantidad en la siguiente orden podría no ser un buen trato. Solo acepta una oferta de "devolución de dinero en la siguiente compra" si, en definitiva, la utilizarás y solo si crees que es más que lo que recibirías en términos de un reembolso inmediato.

Hacer propuestas que parezcan derivarse de la conversación, en lugar de demandas por tu parte, logran que la solicitud de compensación sea más atractiva.

> **Ejemplo útil**
>
> "Bueno, me pregunto si podemos acordar lo siguiente: los bienes, por desgracia, no fueron satisfactorios y, por lo tanto, Smith y Co debe pagar un reembolso. ¿Sesenta libras le parece una cifra justa?"

Una buena pregunta que puedes formular es: "¿cuál es el motivo por el que no quiere compensarme/reembolsarme?". Este enfoque opera en lo que los abogados llaman "carga de pruebas" (hablamos a este respecto en la Regla de Oro 3, recuérdalo). En lugar de que tú tengas que explicar por qué mereces una compensación, la empresa queda en la posición de tener que demostrarte por qué no debe compensarte.

También puede ser útil formularle preguntas a la empresa:

"Solo quiero estar seguro de haber comprendido su posición: ¿está de acuerdo en que me entregaron los bienes con retraso? ¿Está de acuerdo en que, como resultado, yo perdí 60 libras en negocios y sufrí inconveniencias considerables?"

La esperanza es que, al responder a estas preguntas, la justicia de tu demanda se vuelva obvia.

Recuerda: debes intentar comprender la posición de la persona con quien hablas. Las preguntas clave serían si tú tienes el derecho legal de exigir lo que pides o si pides algo como gesto de buena voluntad. Si es la segunda opción, necesitas demostrarle a la empresa por qué el hecho de hacerte un reembolso tiene un sentido económico:

"He tenido una tarjeta de crédito con su empresa desde hace tres años. Creo que los cargos que han asignado a mi tarjeta son irracionales. Si no me reembolsan dichos cargos, me cambiaré a otra empresa de tarjetas de crédito."

También puede ser útil formular preguntas "cuál". Entonces, en lugar de "por qué" la empresa ha decidido algo, pregunta: "*¿cuáles* son los motivos de su decisión?". Y en lugar de *"¿por qué* no pueden entregarme los bienes?", pregunta "¿bajo *cuáles* circunstancias podrían entregarme los bienes?".

¿Con quién quejarte?

En ocasiones resulta difícil saber con quién quejarte: ¿la tienda?, ¿el fabricante?, ¿alguna organización profesional? He aquí dos factores clave:

- ¿Qué es lo más conveniente para ti?
- ¿Cuál opción tiene más probabilidades de producir un buen resultado?

A veces las tiendas intentan abatir las quejas de los clientes indicándoles que contacten al fabricante. Tú no tienes que hacer eso. Tú entregaste tu dinero a la tienda y, por ley, tienes un contrato con ésta, no con el fabricante. La tienda puede ponerse en contacto con el fabricante, si lo desea. Pero, si los bienes presentan fallas cierto tiempo después de la adquisición o si lo que requieres es una reparación, en lugar de un reembolso, es probable que tengas más suerte con el fabricante.

Un asunto clave es si los bienes estaban defectuosos cuando los compraste o si presentaron defectos debido a que tú los maltrataste de alguna manera. Mientras más pronto puedas hacer tu queja, más difícil será que la tienda sugiera que el problema fue por tu culpa o que fue por "uso y desgaste". Entonces, si algo ha salido mal con un producto o servicio, ponte en contacto con el proveedor tan pronto como puedas. Si es algo como una visita insatisfactoria a un hotel, lo mejor es expresar tu queja allí mismo y en ese momento.

Derechos legales básicos

Este libro no puede explicar todas las leyes relevantes acerca de ventas insatisfactorias; un libro de ese tipo sería enorme y muy costoso, pero aquí te presento los principios más importantes:

- Todos los bienes adquiridos deben cumplir con tres requerimientos: apegarse a su descripción, adecuarse a su propósito y tener una calidad satisfactoria.
- Calidad satisfactoria significa que cumplen con el estándar que una persona consideraría eficaz, teniendo en mente el precio y la descripción. La referencia al precio aquí es importante. Si compras un producto barato, no puedes esperar el mismo estándar de calidad que si compraras uno muy caro.
- El vendedor es responsable si los bienes no cumplen con los tres requerimientos anteriores. Los compradores tienen derecho a solicitar la devolución de su dinero "en un plazo razonable". Ten presente que tienes derecho a la devolución de tu dinero; no tienes que aceptar un reemplazo, a menos que así lo desees.

- Por lo general es el comprador quien debe asumir que los bienes están defectuosos.
- En el caso de los servicios, deben ser proporcionados con razonable cuidado y habilidad. Si el trabajo no es realizado de esta manera, deberá ejecutarse de forma apropiada y sin costo adicional. Si no es así, tú puedes solicitar que otra persona realice esta labor y reclamar el costo al proveedor original.
- Si pagaste por los bienes o servicios con tarjeta de crédito, puedes tener derecho a solicitar un reembolso por parte de la empresa que otorgó la tarjeta de crédito si hay dificultades al tratar con el proveedor de los bienes o servicios.

Conserva las evidencias

Si presentas una queja, vale la pena conservar tantas evidencias como puedas. Guarda una copia de tus cartas y de cualquier respuesta que recibas. Escribe una nota de todas las conversaciones que sostengas. Toma fotografías de los bienes defectuosos o del trabajo deficiente en tu propiedad.

Escala

Si tu queja es seria y no has recibido una rápida respuesta, vale la pena escalar el problema. Escribe una nota al director de servicio a clientes y envía una copia al director ejecutivo. Puedes encontrar con facilidad los detalles de contacto de estas personas en el sitio electrónico de la empresa. Si no recibes una respuesta apropiada en 14 días, escríbele de nuevo al director ejecutivo.

Obtén ayuda

Si necesitas asistencia, el Buró de Asesoría para Ciudadanos de tu localidad o el Oficial de las Normas Comerciales podrían ayudarte.

Si están involucradas significativas sumas de dinero, quizá sea necesario contratar a un abogado. Muchos periódicos o revistas tienen páginas que recopilan quejas de sus lectores y esta podría ser otra vía a explorar. Existen programas de televisión dedicados a mano de obra deficiente o a productos defectuosos. Incluso podrías contactar a tu representante en la Cámara de Diputados si es un asunto que afecta también a otras personas o si se te ha causado un gran daño como resultado de un producto o servicio deficiente.

Otra ruta es quejarte ante alguna organización profesional. Esto es apropiado si has recibido un mal trato de alguna persona que pertenece a esas instituciones. Por ejemplo, los abogados están adscritos a la Sociedad de la Ley.

Correcto

Jonathan: Hola, ¿allí es Clogs?

Tina: Buenos días, señor. Soy Tina. ¿Cómo puedo ayudarlo?

Jonathan: Gracias, Tina, compré un par de zapatos en Clogs ayer y los usé por primera vez ayer por la tarde. ¡No va a creerlo! La suela se desprendió en la primera salida y solo llevé a mi hija a dar un paseo al parque.

Tina: Lamento escuchar eso. ¿Tiene usted el recibo?

Jonathan: Lo tengo. También tengo fotografías.

Tina: Bueno, si puede traerlos, podemos reparar sus zapatos.

Jonathan: En realidad, Tina, preferiría que me devolvieran mi dinero. No estoy seguro de que un zapato reparado sea tan bueno como uno nuevo. Debo agregar que siempre elogio sus zapatos ante todos mis amigos.

Tina: Señor, me parece que usted tiene derecho a un reembolso. De hecho, si usted pregunta por mí cuando venga a la tienda, yo me encargaré de esta situación personalmente y veré si puedo darle un vale, además del reembolso.

Jonathan: Me parece excelente.

Resumen

Cuando te quejes por bienes o servicios, sé educado y firme. Haz una imagen clara en tu mente acerca de lo que está mal y cómo puede ser rectificado. Sé razonable en tus demandas. Cuando trates con la empresa, intenta mantener una buena relación con la persona con quien hables. Si es necesario, escala el problema a los directivos de la empresa. No olvides que existen otras organizaciones que podrían ayudarte si no estás satisfecho con la respuesta de la gente con la que has tratado.

En la práctica

Si tienes una queja con un negocio, habla con cualquier persona que conozcas que se haya encontrado en la misma posición y averigua si puedes obtener consejos útiles. Asegúrate de guardar un registro preciso de todos los detalles de tu queja. ¡Mantén la calma y tenlo todo en perspectiva!

Capítulo 15

Cómo obtener lo que deseas de un experto

Algunas de las más complicadas discusiones surgen cuando te enfrentas con un experto: un profesor titular, un banquero o un médico, por ejemplo. Inevitablemente sientes que ellos tienen la experiencia que tú no posees y esto te pone en desventaja. Sin embargo, si esas personas toman una decisión que consideras errónea, es importante defenderte. Discutir con un profesional requiere algunas técnicas de especialista.

Incorrecto

Doctor: No sé por qué está usted aquí otra vez. Ya le dije la semana pasada que usted no está enfermo.

Sam: Sí, pero... doctor, todavía no me siento bien.

Doctor: Bueno, yo lo examiné minuciosamente la semana pasada y no encontré nada malo.

Sam: Pero no me siento bien.

Doctor: Me temo que no hay nada que yo pueda hacer.

Sam: Me siento peor que la semana pasada.

Doctor: Sam, tengo muchos pacientes que me esperan.

Sam: Bueno, mejor me voy.

Existen algunas estrategias para discutir bien con un experto. Aquí te presento algunos principios clave:

Respeta al experto

La mayoría de los expertos merece su estatus, pero no todos. Sin embargo, no ganarás nada si no les muestras el debido respeto. Muchos profesionales tienen poder y considerable experiencia. Utilizan estas habilidades para tratar con "clientes difíciles". Molestarlos, hacerlos perder su tiempo o no reconocer su experiencia no te llevará a ninguna parte. A nadie le agrada que lo contradigan, pero es probable que, en particular, los expertos se sientan muy ofendidos.

A menos que te hayan invitado de manera específica a hacerlo de otra manera, llámalos "señora X", "señor Y" o "doctor Z". Nunca sugieras que tú sabes más que ellos. Asegúrate de llegar a tiempo a las citas que te den. Todos estos pequeños detalles te darán más probabilidades de que te escuchen.

Prepárate

Recuerda la Regla de Oro 1. Para algunas personas, visitar a un médico, abogado u otro profesional puede resultar intimidante y amenazador. Por lo tanto, pensar con antelación lo que quieres decir reviste una importancia especial. Incluso podría ayudarte anotarlo. Es muy común que la gente visite a un médico y que luego se marche con la sensación de que nunca dejó de dar vueltas sin hablar de aquello que en verdad le preocupa. También podría ser útil (si te sientes muy intimidado) entregar al profesional una nota breve con los puntos principales que quieres tratar. De hecho, él podría considerar que esa es la mejor manera de dar un uso efectivo a su tiempo.

En el caso de una visita al médico, si te has enterado de otros tratamientos para tu enfermedad, prepárate para citar la fuente (por ejemplo, un sitio electrónico) de tu información. Cuando trates con cualquier profesional, ser capaz de sustentar lo que dices mediante referencias a un artículo en el periódico o a una fuente experta dará peso a tu argumento.

De igual manera, si acudes a un banco para solicitar un préstamo, prepárate. Asegúrate de conocer los detalles financieros clave. Demuestra que has reflexionado acerca del asunto con toda atención, ¡como debería hacerlo todo cliente prudente!

Sé conciso y preciso

A menudo, el profesional querrá conocer solo los puntos relevantes de tu historia, no la historia completa. Lo primordial son los hechos clave; por lo tanto, piensa con anticipación lo que necesitará saber. Si le cuentas a un médico que te caíste, ¡él no necesita saber la larga historia de cómo llegaste al sitio donde ocurrió! Comunícale los que crees que son los hechos principales. Es probable que te haga preguntas acerca de los detalles que en verdad desea saber.

Un minuto para decirle los hechos clave y nueve minutos para responder a sus preguntas puede significar un mejor aprovechamiento del tiempo de ambos, en lugar de diez minutos en los que tú hables, probablemente sobre un montón de información irrelevante. Intenta presentar tu información de manera lógica. Cuando des instrucciones a un arquitecto, si inviertes diez minutos en la descripción de tus ideas y destinas otros 50 minutos a responder sus preguntas, ambos tendrán un tiempo más productivo que 50 minutos en los que tú hables y diez minutos para preguntas.

Recuerda que ambos son expertos

El hecho de que una persona sea experta en un tema *no* significa que sea experta en todo. Tú eres el experto en lo que sucede en tu vida. Es sorprendente cómo algunas personas parecen pensar que, dado que son reconocidas en un tema, pueden pontificar acerca de cualquier situación. Entonces, tal vez un médico o un abogado sepan mucho acerca de medicina o leyes, pero esto no significa que lo sepan todo sobre *ti*. De hecho, recuerda:

> ¡Tú eres el experto en ti mismo!

Cuando hablas con un médico, él sabe mucho de medicina pero no puede explicar cómo te sientes tú. Tu médico puede ser experto en psoriasis, pero tú eres el experto en cómo te afecta ese padecimiento.

Por fortuna, muchos médicos están conscientes de esto. Aquellos tiempos en los que el médico te decía qué estaba mal contigo y qué tenías que hacer, han quedado muy atrás. Por lo regular, en la actualidad los médicos te proporcionan información acerca de los tratamientos disponibles y comentan contigo lo que es más recomendable. Para algunas personas este procedimiento es desconcertante, pero en general suele funcionar muy bien. Solo espero que no te encuentres con un médico como el siguiente (conversación real):

Incorrecto

Doctor (lee las notas del caso): Ah, ya veo que usted tiene un niño y una niña.

Paciente: No, dos niñas.

Doctor: ¿En serio? ¿Está usted segura? Pensé que aquí decía... (revisa las notas del caso). ¡Oh, no! Usted tiene razón, dos niñas.

De igual manera, cuando trates con el profesor de tu hijo, recuerda que tú eres el experto en el tema. Él puede saber mucho de educación, pero sólo tú conoces a tu hijo por dentro y por fuera y puedes ser su abogado en esta situación.

La mayoría de los expertos tiene normas

La mayoría de los expertos tendrá maneras estándar de atender casos de un tipo en particular. Existen principios generales de asesoría que ellos seguirán en ciertas situaciones. Por lo general existen tratamientos probados o formas de acción. Normalmente funcionan bien, pero si sientes que el consejo que te han dado no es apropiado para ti, entonces tendrás que explicar por qué no estás dentro de la "norma". Reconoce que para la mayoría de la gente la asesoría recibida sería excelente, pero explica por qué crees que tu caso es distinto.

Recuerda que tú eres el experto en ti mismo. El cardiólogo o el abogado te habrán conocido y tratarán contigo con base en los hechos que les has presentado como "mujer de 32 años de edad" (o lo que sea). Pero ellos no te conocen personalmente. No pueden saber que quizá no seas un caso típico, a menos que tú se los digas. ¡Necesitas explicarles qué es lo que hace que tú seas tú!

No temas hacer preguntas

Si no estás conforme con las respuestas que obtienes, no temas hacer preguntas ¡con educación!

> **Ejemplos útiles**
>
> "¿Existen otras alternativas que podría sugerirme?"
>
> "Debo admitir que ninguna de las opciones que usted me propone me parece atractiva, ¿no hay alguna otra?"
>
> "¿Podría explicarme un poco más por qué cree usted que esa opción en particular es mejor que...?"

En términos médicos, no olvides que tú tienes el derecho de rehusarte a un tratamiento. Es tu cuerpo y siempre puedes decir que no. Si no te sientes conforme con el consejo que te han dado, puedes decirle al médico que necesitas tiempo para reflexionar al respecto. Un buen médico lo respetará.

En muchos casos, cuando un médico elabora un diagnóstico erróneo o cuando un abogado ofrece una asesoría equivocada, la causa es que el paciente o cliente no reveló todos los datos relevantes. Si tienes preocupaciones o conoces situaciones que consideras importantes, ¡habla! También intenta no avergonzarte. La mayoría de los médicos y de los abogados ha escuchado todo tipo de circunstancias extrañas. Es mejor avergonzarte y recibir el mejor consejo que callar y recibir un mal consejo.

Es muy importante, con un médico o un abogado, que tengas muy claro el consejo o la información que se te ha proporcionado. Han existido historias terribles de pacientes que no entendieron bien cómo se suponía que tenían que tomar sus medicamentos. Si no estás seguro de lo que el profesional te ha indicado, pídele que te lo explique de nuevo. O, mejor aún, pídele que te anote la información.

Si al llegar a tu casa recuerdas detalles que olvidaste decir y que crees que podrían ser importantes, ponte en contacto de nuevo con el profesional. La mayoría de los médicos y los abogados pueden ser localizados por teléfono, de manera que, por lo regular, no es necesario solicitar una cita. En el peor de los casos tomarás parte de su tiempo, pero al contactarlos quizás evites cometer un acto terrible.

Me he enfocado principalmente en médicos y abogados para explicar este punto, pero no es necesario aclarar que este principio aplica para todos los profesionales con quienes trates. Haz preguntas. Que no te preocupe parecer estúpido. Incluso si crees que podría ser una duda obvia, si es persistente, ¡formúlala! En muchas de estas relaciones, tú eres el cliente que paga y, por lo tanto, tienes el derecho de solicitar tanto tiempo como requieras para que todo el problema se resuelva a tu entera satisfacción.

Verifica al experto

Incluso después de haber formulado preguntas, no hay nada de malo en solicitar más información si aún no te sientes conforme. Cualquier buen profesional estará consciente de que las malas noticias son difíciles de aceptar y de que escuchar el mismo mensaje de varias fuentes puede ayudar.

Ejemplos útiles

"Gracias por explicarme todo esto. Tengo mucho en qué pensar. ¿Hay algo que pueda leer acerca de este tema que me proporcione más información? ¿Hay algún sitio electrónico recomendable?"

"Lo que usted me ha dicho es una noticia decepcionante. Creo que me ayudaría comentarlo con otra persona. ¿Podría usted recomendarme a alguien?"

Siéntete en libertad de verificar lo que el experto te ha dicho con lo que puedas encontrar en internet o preguntando a amigos o a otros profesionales. Si tu asesor hipotecario te ha dado un consejo sorprendente, solicita otra opinión. Busca hechos en sitios electrónicos de asociaciones hipotecarias y bancos.

Por otra parte, no asumas que tu médico debe de estar equivocado si un artículo en internet o lo que recomendó el médico de tu amigo es distinto de lo que te dijo a ti. Deben existir muy buenos motivos por los que la situación de tu amigo es diferente de la tuya. Pero no temas recurrir de nuevo a él y preguntarle, con todo respeto, por qué hay una diferencia, si eso te preocupa.

Expertos difíciles

Hasta el momento he asumido que tu médico, abogado u otro profesional al que acudes es una persona razonable, pero no siempre sucede así. Existen algunos que se comportan con arrogancia y altanería. En especial si tú ya te sientes fatal, tratar con una persona de este tipo puede ser muy difícil.

Recuerda que la mayoría de los expertos en la cima de su profesión no actúa de esta manera. De hecho, si la persona intenta parecer superior, bien podría indicar una falta de confianza en sí misma. En un caso así quizá lo mejor sea buscar otra alternativa. Si no es posible, he aquí algunas recomendaciones.

En primer lugar, no asumas que, dado que la persona carece de habilidades sociales, no es buena en su trabajo. En segundo lugar, no te tomes a título personal cualquier grosería. Es muy poco probable que tu médico o abogado sienta un desagrado personal hacia ti. Es posible que trate igual a toda la gente. Esta no es una excusa, pero podría ayudarte aceptar que la persona con la que tratas es difícil. En tercer lugar, no te vuelvas agresivo o arrogante. De manera sencilla y serena pídele que te explique un poco más la situación. Por último, no olvides que siempre puedes solicitar la asesoría de otro profesional. No existe un solo motivo por el que tengas que soportar groserías aunque eso signifique que obtendrás el servicio que necesitas.

Si estás obligado a tratar con un profesional, necesitas emplear tus mejores tácticas para abordar cualquier discusión. Recuerda la Regla de Oro 3: no es solo lo que dices, sino cómo lo dices. Razonar con la directora de una residencia para ancianos, encargada de cuidar a tu pariente, requiere un tratamiento delicado. Guarda la calma, sé razonable, usa la adulación, si es necesario, y "lidia" con ella para obtener lo que deseas.

Para quejarte más

Casi todos los profesionistas pertenecen a una organización profesional. Si en verdad estás inconforme, puedes quejarte con esas instituciones. Cuando menos, de esa manera deberás recibir alguna especie de explicación. Sin embargo, la mayoría de las instituciones de profesionales solo tomará acciones en contra de sus afiliados cuando resulte claro que han caído muy por debajo de los estándares esperados.

Correcto

Doctor: No comprendo por qué está aquí de nuevo. Le dije la semana pasada que usted está bien.

Sam: Gracias por recibirme otra vez. Desde la semana pasada he sentido dolores agudos aquí y aquí.

Doctor: Bueno, yo lo examiné con toda atención la semana pasada y no encontré nada malo.

Sam: Lo comprendo, pero estos dolores son nuevos y en verdad me preocupan. Me tranquilizaría mucho si usted pudiera examinarme una vez más.

Doctor: De acuerdo, veamos de qué se trata.

Resumen

Con los profesionales compórtate con educación y respeto. Recuerda que, aunque tienen experiencia, solo tú sabes realmente todo lo que hay que saber acerca de ti. Si sientes que el consejo que el profesional te ha brindado es inapropiado, necesitas explicar por qué tu caso no es típico. Formula preguntas. Verifica lo que el profesional te ha recomendado contra otras fuentes. Recuerda que, en todo caso, tú deberás tomar la determinación de seguir ese consejo. La decisión es tuya.

En la práctica

Adquiere habilidades para utilizar internet con la finalidad de buscar información acerca del problema que enfrentas. Aprende a formular preguntas a tu profesional. Asegúrate de comprender sus recomendaciones y de haber respondido sus preguntas con atención.

Discutir cuando sabes que estás equivocado

¡Oh, cielos! Nuestro argumento, que antes parecía tan convincente, se derrumba ante nosotros. Los hechos de los que estábamos tan convencidos ahora parecen erróneos. La lógica del argumento, que parecía tan clara, se ha empañado. Es obvio que hemos perdido la discusión. A todos nos ha ocurrido. ¿Qué hacer ahora?

Incorrecto

Mary: Entonces, me temo que el argumento de Alfred se basa en cifras que parecen dudosas; además, él ha pasado por alto la posibilidad alternativa que yo he presentado.

Alfred: Mary ha tergiversado por completo mi argumento y mis puntos. No deberíamos escucharla.

Mary: Alfred, puedo volver a exponer las cifras si lo deseas.

Alfred: Creo que ya nos aburrimos lo suficiente.

Mary: ¿Les parece bien que adoptemos mi propuesta? Puedo respaldarla y la de Alfred tiene agujeros que harían naufragar un trasatlántico.

Alfred: De ninguna manera. La mía es la correcta.

Mary: Si adoptáramos tu propuesta, la empresa sufriría pérdidas tremendas. Tus cifras están mal. Tal vez no seas lo bastante bueno para hacer tu trabajo de manera apropiada.

Si te das cuenta de que aquello por lo que discutes es un error, debes ser honesto al respecto. Continuar con la discusión, como lo hizo Alfred, cuando ya es evidente que estás equivocado, es vergonzoso. Crea una mala impresión ante las demás personas. Significa que es probable que cualquier consecuencia negativa que se derive del argumento erróneo sea considerada fatal y, también, que todos te culpen.

Aquí te presento algunas recomendaciones clave cuando te percates de que las cosas te han salido mal.

Interrumpe la discusión

Esto es esencial. Si has perdido la discusión, continuar te hará parecer estúpido. Perderás el respeto de los demás y ganarás muy poco. Sin embargo, asegúrate de que en verdad has perdido. Quizá solo perdiste en un tema de la discusión, no en toda. Como en un partido de tenis, conceder algunos puntos con gracia no implica que pierdas el juego. Solo tendrás que luchar con más fuerza por los demás puntos.

Acepta que has perdido

Una vez que te has percatado de que has perdido la discusión, la cuestión clave es si debes admitirlo o simplemente cambiar de tema. Esta decisión depende de algunas consideraciones:

- ¿Es necesario resolver el problema? Si es preciso tomar una decisión, quizá la única alternativa sea aceptar la propuesta de la otra persona. Puedes hacerlo de una manera que te ayude a salvaguardar tu dignidad. No admitas que estás equivocado, solo concede que la propuesta de la otra persona tiene ciertos méritos.
- ¿Es un tema que le interesa mucho a la otra persona o solo fue una discusión amistosa? Si solo se trata de una discusión amistosa, tira la toalla con buena disposición. Si la otra persona está muy interesada, lo mejor es enfocarse en su propuesta y ya no discutir más la tuya.
- ¿Ganarás respeto si admites que estás equivocado? Aunque parezca extraño, en ocasiones la gente respeta más a una persona que admite que está en un error que a otra que intenta enmascarar una equivocación. La honestidad nunca puede subestimarse.

> **Frase útil**
>
> "De acuerdo, has destrozado mi primer argumento. Ya no volveré a recurrir a él, pero recuerda: yo tenía tres argumentos a favor de mi punto de vista y creo que los otros dos aún se mantienen en pie."

Maneras de terminar una discusión

Recuerda la Regla de Oro 10. Si has perdido, pierde bien. Desde luego, puedes admitir la derrota con gracia y continuar con tu vida.

> **Ejemplos útiles**
>
> "Lo que has dicho es de gran ayuda. Creo que tienes razón."
>
> "Ahora comprendo la situación de manera distinta. Hagámoslo a tu manera."
>
> "Creo que lo entendí mal. Tiene sentido así como tú lo has explicado."
>
> "Tu propuesta es brillante. Sigamos adelante con ella."

No obstante, puedes decidir que necesitas finalizar la discusión sin admitir la derrota. La manera más sencilla de hacerlo es cambiar de tema.

> **Ejemplos útiles**
>
> "Bueno, este es un tema fascinante pero me temo que tengo que marcharme."
>
> "Podríamos discutir esto hasta el próximo diluvio. Pero yo quería preguntarte sobre..."
>
> "Debemos hablar acerca de esto en otra ocasión, pero ahora debo ir a..."

Es posible que estas frases sean efectivas para dar por terminada la conversación. Si la otra persona insiste en obtener alguna concesión de tu parte, hay muchas frases no comprometedoras que puedes emplear:

> **Ejemplos útiles**
>
> "Bueno, me has dado mucho en que pensar."
>
> "Necesitaré alejarme y reflexionar acerca de todo esto."

Disculparte

En ocasiones, después de una discusión, necesitarás disculparte. No siempre: perder una discusión con gracia y dignidad puede ser un asunto terminado, pero quizás hiciste algo que amerite una disculpa. Tal vez te des cuenta más tarde de que te comportaste mal. Durante la discusión puedes haber dicho cosas de las que ahora te arrepientes.

> **Disculparte es extremadamente importante.**

¿Puedes recordar alguna ocasión en la que otra persona se disculpó contigo? La aplicación de las disculpas en casos particulares variará, pero reflexionar cómo te sentiste cuando alguien se disculpó contigo puede ser un ejercicio útil para aprender a hacerlo.

Sin duda, sería contraproducente disculparte en exceso por un error menor. En los casos de este tipo, el simple detalle de decir "lo lamento" será suficiente. Con los siguientes ejemplos, asumo que ha sucedido algo más serio y que es apropiado ofrecer una disculpa más completa. He aquí algunos puntos clave:

- Si tienes tiempo, piensa con cuidado cómo expresarás la disculpa.
- Piensa de qué eres culpable.
- Una disculpa debe reconocer el daño causado a la otra persona. Necesitas transmitir que estás consciente del dolor que provocaste. Si no estás seguro de su dimensión, pregúntale a la otra persona.
- Acepta la responsabilidad. Una disculpa apropiada reconocerá que tú eres responsable por ese dolor. Es por ello que la débil disculpa que algunos políticos ofrecen es reconocida propiamente como "no-disculpa".

"Por favor acepta mis disculpas si te ofendiste por lo que he dicho."

"Me entristece saber que algunas personas se alteraron por mis comentarios."

Estas no son disculpas apropiadas porque no hay aceptación de la responsabilidad por haber causado el dolor. ¡De hecho, podrían interpretarse como una sugerencia de que la otra persona está en un error por sentirse ofendida!

- Cuando sea apropiado, ofrece una explicación. Quizá te sentías particularmente estresado o cansado. Aclara que eso no significa que no seas responsable por lastimar a la otra persona, pero que en condiciones normales no actuarías de esa manera. Tal vez dijiste algo que fue malinterpretado porque no te expresaste con precisión. Explica lo que quisiste decir y discúlpate por expresarlo en términos tan poco claros.
- Intenta empatizar con la persona con quien te disculpas.

Ejemplos útiles

"Considero que yo me hubiera enfadado mucho si alguien me hubiera dicho a mí lo que yo te dije. En verdad lo lamento."

"Estoy seguro de que debes pensar que soy una persona terrible. No me expresé con claridad porque estaba cansado. Lamento mucho haber dicho que..."

Quizá sientas que la otra persona ha exagerado en su reacción ante la situación, pero que de todas maneras vale la pena reconocer el dolor que siente.

- Si es apropiado, piensa en alguna manera práctica de demostrarle a la otra persona tu arrepentimiento. Tal vez comprarle un obsequio, tramitar una reparación, invitarla a almorzar o solo ser amable con ella puede ser una compensación por lo que has hecho.

Al aplicar estos consejos, recuerda que tu meta es disculparte. Es comunicar que aceptas tu responsabilidad por el daño que has causado y reconocer que no debiste comportarte de esa manera. En términos ideales, tú quieres que la otra persona te perdone y no te guarde rencor. Lo importante no es solo decir que lo lamentas, sino lo que sientes por haberla herido. Recuerda que, por naturaleza, sentirás renuencia a disculparte. La gente odia hacerlo. El orgullo se interpone en el camino. No obstante, es una herramienta de enorme efectividad para reparar una relación, ya sea de negocios o personal. ¿Cuántas relaciones se han destruido por la ausencia de unas cuantas palabras de disculpa?

> **Correcto**
>
> Mary: Entonces, me temo que el argumento de Alfred se basa en cifras que parecen dudosas; además, él ha pasado por alto la posibilidad alterna que yo he presentado.
>
> Alfred: Mary, tienes razón. Me siento muy agradecido porque señalaste las imprecisiones en mis cifras. El departamento contable me las proporcionó y asumí que eran correctas. Sin embargo, hoy he aprendido cuán importante es revisar dos veces los números.
>
> Mary: Bueno, gracias, Alfred.
>
> Alfred: Entonces, puedo apoyar la propuesta de Mary, aunque me pregunto si hay alguna idea en mi propuesta que pudiéramos salvar y agregar.
>
> Mary: Eso suena interesante. Explícanos.

Resumen

Si te das cuenta de que estás en un error, analiza con atención si todo tu argumento está equivocado o si solo una parte lo está. Si todo tu argumento ha fallado, interrumpe la discusión. Si es necesario, discúlpate y continúa. Recuerda la Regla de Oro 10: las relaciones son cruciales. Finaliza la discusión de manera que permita que la relación avance de forma positiva.

En la práctica

Recuerda aquellas ocasiones en las que era evidente que alguien estaba equivocado y continuaba discutiendo. ¿Qué pensaste de esa persona? Aprende a disculparte bien. Descubre cómo lograr que una disculpa sea efectiva. Consulta las recomendaciones de la Regla de Oro 10 a este respecto.

Capítulo 17

Discutir una y otra vez

¿Descubres que discutes sin parar? Tal vez sea con una persona en particular y cada vez que te reúnes con ella la conversación se transforma en una discusión. Quizá sea con un colega que parece oponerse a todo lo que dices, todo el tiempo. O tal vez hay un problema específico en tu vida y siempre que surge, tú descubres que pierdes los estribos. A lo mejor has descubierto que con tu pareja hay discusiones sin fin y la vida parece un constante concurso de gritos. O tal vez eres de esos padres que dedican más tiempo a gritarles a sus hijos que a platicar con ellos. ¿Qué se puede hacer?

Incorrecto

Michael: ¿Cuántas veces tengo que pedirte que laves los trastes?

Tom: He estado muy ocupado.

Michael: Tal vez hoy, pero también ayer y anteayer. Siempre que digo algo al respecto, tú inventas una nueva excusa.

Tom: Mira, lo lamento.

Michael: ¡Está bien que digas que lo lamentas! ¡Haz algo al respecto!

Tom: De acuerdo.

Lo triste de esta discusión es que uno se queda con la impresión de que volverán a discutir acerca de lo mismo en unos cuantos días.

Si te encuentras en un ciclo de discusión constante, aquí te propongo algunos consejos.

Evasión

Si sabes que hay temas, personas o situaciones que siempre te irritan, ¡aléjate! Estoy consciente de que no puedes evadir algunas circunstancias, pero la mayoría de la gente tiene problemas por los que se altera y lo mejor es evitarlos. Ser apasionado y entrar en una discusión acerca de un asunto importante puede ser positivo, pero no lo es si descubres que discutes a ese respecto todo el tiempo. Tu salud personal y tus relaciones valen más que el estrés de una discusión continua.

> **Discute solo si puedes cambiar algo o influir en alguien.**

Resolución

La evasión está muy bien pero ¿qué debes hacer si tienes un colega, amigo o pareja con quien has discutido un tema con profundidad y aún no encuentran una solución? Una causa común para las discusiones repetitivas es que el tema principal no se resuelve. Esto puede parecer obvio, pero con mucha frecuencia en las discusiones el punto conflictivo central queda eclipsado por todos los vilipendios y las contiendas verbales. Hay un tema en disputa, las partes están en total desacuerdo, pero el asunto nunca descansa. Si eso sucede, ninguno de los involucrados siente que el otro ha comprendido su punto de vista y continúa agraviado. Siempre que ambas partes se encuentran, el tema no resuelto se fermenta bajo la superficie y contamina la relación.

Por ejemplo, si tú sientes que una persona te ha mentido y ambos han discutido acerca de esto, siempre que se encuentren, la desconfianza hacia la otra persona acechará en tu mente. En un caso de este tipo, podrías sentir que sostienes discusiones distintas con esa persona cada vez, cuando en realidad el problema no resuelto entre ustedes, y que causó la desconfianza original, está detrás de todas ellas.

Entonces, en las discusiones repetitivas, la resolución es la clave. En primer lugar, reconozcan el problema inicial, intenten resolverlo juntos mediante una conversación razonable en la que se escuchen con atención y descubran un territorio común. Los puntos que expliqué en la Regla de Oro 9 acerca de resolver puntos muertos serán útiles aquí.

Aceptar un desacuerdo

Aceptar un desacuerdo puede ser un disfraz para evitar resolver un conflicto, así que ten cuidado. No obstante, puede ser una herramienta útil para ponerle fin a una discusión repetitiva. Funciona mejor si ambos logran tener claro por qué no están de acuerdo.

Ejemplos útiles

"La razón por la que no estamos de acuerdo en cuanto a que los beneficios por desempleo deberían incrementarse es porque tú crees que los desempleados están en desventaja y necesitan ayuda mientras que yo opino que son perezosos y vividores."

"El núcleo de nuestro desacuerdo es que yo creo que podemos lograr que nuestro automóvil funcione durante un año más con algunas reparaciones mientras que tú opinas que el auto dejará de funcionar muy pronto."

Si ambos son capaces de aislar la fuente del desacuerdo y estar de acuerdo en ello, podrán avanzar mejor. Después pueden elegir aceptar el desacuerdo o encontrar una solución al mismo. Aceptar un desacuerdo, siempre que ambas partes puedan vivir con ello, le pone fin a una discusión. El problema se ha ventilado lo suficiente, ambas partes se han escuchado entre ellas, ambas siguen firmes en su opinión pero aceptan el desacuerdo. La relación se salva y puede avanzar.

Humor

En ocasiones el humor es la mejor manera de resolver una discusión. Por ejemplo, una discusión continua con tu pareja acerca de cómo doblar las toallas del baño, demuestra cuán tontos pueden ser los dos al enfadarse por un asunto tan trivial, dado que su amor es tan grande. Haz algo divertido (crea un tocado con la toalla y colócatela en la cabeza) o sugiere una solución absurda: "bueno, la única solución viable será pedirle al vicario que nos enseñe cómo doblar las toallas".

El humor puede aligerar la situación más tensa. Puede funcionar en la oficina, en el campo de futbol con los compañeros de equipo, con tus hijos y hasta con la persona encargada de la limpieza en tu casa: "sé que le he pedido una y otra vez que limpie las telarañas, pero es que no quiero una decoración de casa embrujada en la sala".

Evita utilizar el humor en una situación en que la otra parte pueda pensar que tú no tomas en serio la discusión. Tendrás que echar mano de tu mejor discernimiento para utilizar el humor como herramienta. Sin embargo, su efectividad es increíble cuando se emplea con destreza.

Esfuerzos inútiles

Todos tenemos temas que nos apasionan y no podemos comprender por qué las demás personas no lo ven como nosotros. Conozco a un hombre que apoya con verdadera pasión la donación de órganos para salvar la vida de pacientes que necesitan trasplantes. Simplemente no puede comprender por qué no toda la gente piensa como él. A menudo saca a relucir el tema. Hay un momento, después de haber discutido un asunto varias veces, en que quizá sea mejor dejarlo descansar.

Ejemplos útiles

"Mira, ya le hemos dado varias vueltas a este tema; sugiero que lo dejemos por la paz."

"Creo que estamos haciendo un esfuerzo inútil. Hablemos sobre otra cosa."

Sé consciente, también, de tus propias debilidades. Quizá no imagines una velada más interesante que aquella en la que discutas, una vez más, los argumentos a favor y en contra de la pena capital. Sin embargo, tus amigos quizá no compartan tu entusiasmo. A muy pocas personas les agrada volver y volver y volver sobre el mismo asunto. Pensarán que eres aburrido, de manera que encuentra otro tema para comentar.

¿Vale la pena?

En parte, ya comentamos este tema en la Regla de Oro 2, cuando señalamos la importancia de considerar si este es el momento y el lugar adecuado para una discusión. Si descubres que discutes acerca de lo mismo, quizá debas reflexionar si en verdad vale la pena. Si alguien dice una y otra vez algo que te parece molesto o insultante, ¿vale la pena pelear por ello? Ahora, a algunas personas les complace ser provocativas. No caigas en la tentación, ¡a menos que tú también lo disfrutes!

Preguntarte si vale la pena continuar un ciclo de discusión reviste una importancia particular en relación con las parejas y los hijos. Quizá descubras que te molestan muchas cosas que tu cónyuge o tu hijo hacen, pero si comienzas a discutir o a quejarte por todo eso, terminarás estresado y frustrado, además de que dañarás tus relaciones. ¡Elige tus "batallas" con cuidado! El hecho de que algo te moleste no significa que merezca la pena discutir por ello. De acuerdo, tu pareja siempre deja los pantalones tirados en el piso, a pesar de que le has pedido que no lo haga... pero ¿vale la pena pelear por eso? ¿Qué ganarás? Además, ¿algunos de tus hábitos también la hacen enfadar? ¡Seguro! Entonces, intenta tener un poco de perspectiva en las discusiones constantes y decide si vale la pena continuarlas. En ocasiones, el consejo dado a los padres de no esperar más que lo que los hijos pueden lograr, ser pacientes y recordar que uno es adulto, ¡también funciona con los cónyuges!

"Concédeme la serenidad para aceptar las cosas que no puedo cambiar, el valor para cambiar las que sí puedo y la sabiduría para reconocer la diferencia." **De la Oración de la Serenidad, utilizada por los Alcohólicos Anónimos**

También recuerda que (como cualquier persona involucrada en una relación de largo plazo puede testificar), sin importar lo poderoso que te creas, no lograrás que tu pareja cambie mucho. Cuando menos, no debes esperarlo. La mayoría de la gente es fiel a su manera de ser. Jamás transformarás a tu desaliñada novia en una estrella de cine de Hollywood o a tu despeinado marido en un modelo masculino. Ámalos por ser como son, no por ser quienes deseas que sean.

Si la discusión recurrente te causa molestias emocionales y problemas de salud, lo más recomendable es atender la situación con ayuda profesional. Si es solo una inconformidad persistente, ya sea con un ser querido o con un profesional, es mejor aceptar a esa persona tal como es y cuestionarte si la discusión vale la pena. Discutir es opcional y, en última instancia, necesitas decidir qué es lo mejor para ti y para mantener la relación con la otra persona.

Si todo lo demás falla, aléjate

A pesar de todo lo que hemos dicho en esta sección, quizá descubras que las discusiones aún se hacen presentes. La vida en la oficina es una larga discusión. En ese caso, tal vez lo mejor sea buscar otra opción. Los lugares de trabajo deben ser sitios divertidos. Si sigues discutiendo con tu constructor, busca otro. Si tu niñera se niega a escucharte, cambia de niñera. Si no puedes resolver la discusión, busca otras alternativas para esa situación. Sin embargo, antes de marcharte, no asumas que el problema siempre lo ocasiona la otra persona. Es fácil pensar, si hay muchas discusiones, que el otro es "conflictivo" y que tú eres completamente razonable. No obstante, como ya hemos visto, las discusiones suelen disfrazar otros problemas. Sé cauteloso y reflexiona con cuidado las consecuencias de dejar atrás la situación, tanto si significa que pierdas una amistad como si apunta a que sufras pérdidas financieras.

> **Mira bien antes de saltar.**

Quizá deba insertar una nota precautoria en cuanto a las relaciones personales. Desde luego, si existe violencia o abuso psicológico, márchate. Si no es así, dale una oportunidad a la asesoría externa. Si te has involucrado en una relación con otra persona es muy probable que existiera una muy buena razón para que desearas estar con ella. Has invertido mucho tiempo y esfuerzo para desarrollar la relación. En parte, tu sentido de identidad está vinculado con ella. Has hecho un compromiso con esa persona y tal vez tengas responsabilidades con los hijos de ambos. Marcharte es, sin duda alguna, una opción cuando la situación se torna difícil, pero explora primero todas las vías de reconciliación. Los estudios demuestran que los hombres que asumen que serán más felices después del divorcio no lo son, ¡y las mujeres que se divorcian sí suelen serlo!

Piensa con atención por qué sigues discutiendo

Si descubres que sigues discutiendo, es fácil asumir que la culpa es de la otra persona:

"Mary es tan fastidiosa."

"La gente es muy grosera a últimas fechas."

"Mi cónyuge es muy desconsiderado."

Sin embargo, por lo regular hacen falta dos para bailar tango. Piensa con honestidad qué dispara la discusión. ¿Te quejas con regularidad? ¿Hay algo que a menudo da inicio a una discusión? ¿Discutes mucho cuando estás cansado? ¿O acaso el estrés laboral te vuelve conflictivo? Si puedes descubrir un disparador constante que te lleva a discutir, puedes mantenerte alerta. Incluso puede convertirse en una broma: "oh, rayos, es lunes por la mañana: hora de discutir".

No permitas que las discusiones se salgan de control

En las discusiones recurrentes es fácil sentirnos frustrados y que la discusión se transforme en un pleito declarado. Un fenómeno común es que un comentario menor, aquel que has escuchado tantas veces que ya estás fastidiado de él, adquiera mucha importancia y se convierta en el cimiento de un pleito. Sé muy consciente de la rapidez con la que una pelea puede hacerse más grande. Actúa con eficiencia para impedirlo. Mantente muy alerta a cualquier cambio en tu voz o en la de tu oponente que indique que están a punto de estallar. Aléjate. Discúlpate de inmediato por perder los estribos (esto no significa que le concedes la razón; solo reconoces que la manera como discutes se ha salido de control).

> **Para recordar**
>
> No menciones discusiones del pasado. Enfócate en el problema presente.
>
> Jamás hagas ataques personales y que no estén relacionados con la discusión.
>
> Habla acerca de tus sentimientos.
>
> Discúlpate libremente cuando sea apropiado.

Recuerda también cuán fácil es que una discusión suba de nivel.

Cinco motivos de discusión entre las parejas

Para cerrar este capítulo referente a las discusiones repetitivas, pensé que sería interesante echar un breve vistazo a las causas comunes por las que discuten las parejas. Los investigadores han realizado una lista de motivos para estas discusiones. En todo caso, es probable que tú hubieras podido adivinarlas. Los cinco principales son:

- Dinero
- Ex parejas
- Tareas domésticas
- Cantidad de tiempo que pasan juntos
- Molestias

Si descubres que tú y tu pareja discuten con frecuencia por alguno de los motivos anteriores, quizá lo mejor sea que dediquen algún tiempo a decidir los parámetros generales del problema. Es recomendable evitar discutir una y otra vez por el mismo tema mediante la planificación anticipada. Por ejemplo, lleguen a un acuerdo en cuanto a cuál será el presupuesto semanal, para que cada uno de ustedes sepa lo que el otro espera que gasten. Elaboren una lista de tareas domésticas y decidan una justa distribución de las mismas. Discutan asuntos contenciosos que les causan molestias continuas; por ejemplo, cómo compartir el cuarto de baño por las mañanas. Al resolver juntos cada problema, pueden romper el ciclo de discutir por los mismos temas una y otra vez.

Correcto

Michael: ¿Cuántas veces tengo que pedirte que laves los trastes?

Tom: Lo lamento mucho. He estado muy ocupado.

Michael: Quizás hoy, pero también ayer y anteayer. Cada vez inventas una nueva excusa.

Tom: Bueno, Michael, tengo que admitir que tienes razón. Creo que necesitamos sentarnos y decidir cómo vamos a dividirnos las tareas domésticas.

Michael: Me parece una buena idea. ¿Estás libre esta noche?

Tom: De acuerdo.

No es necesario decir que la misma estrategia funciona en tus relaciones con tus hijos, tus parientes políticos, tus amistades y tus colegas en el trabajo.

Resumen

No tienes que seguir teniendo la misma discusión. Resuélvela. Quizá sea necesario que decidas ignorar ciertos temas o aceptar un desacuerdo. Tal vez necesites sostener una conversación a corazón abierto para resolver el problema de una vez por todas. Hagas lo que hagas, no te atores en el ciclo de repetir las mismas discusiones.

En la práctica

Pregúntate por qué sigues discutiendo. ¿Hay disparadores que puedes evitar? ¿El problema está en ti, en la otra persona o en ambos? Sé brutalmente honesto cuando respondas a esta pregunta.

Capítulo 18

Tapetes

¿Eres un tapete? ¿Descubres que nunca te defiendes? ¿Todo el tiempo accedes a hacer cosas que no deseas? ¿Te esfuerzas tanto por evitar una discusión que la mayoría parece tratarte como a un sirviente? Entonces, esta sección es para ti. Es momento de actuar.

Incorrecto

Zhu: Poppy, ¿te importaría quedarte un poco más tarde esta noche para terminar el proyecto?

Poppy: Iba a ir a cenar con mi esposo, pero si en verdad es importante estoy segura de que podremos hacerlo otra noche.

Zhu: Gracias, Poppy. Ya que estarás aquí, me preguntaba si podías revisar internet para encontrar un vuelo barato a Algarve para mí la próxima semana.

Poppy: Oh, supongo que sí.

Zhu: Gracias. ¿Ya sabes que la empresa ha suspendido el pago de horas adicionales de trabajo para este mes?

Poppy: Oh.

Zhu: Gracias, Poppy. Eres una santa.

¡Me queda claro que a muchos de quienes leen este libro no les causa problema alguno ser tapetes! Pero, lo creas o no, a algunas personas sí les afecta. Si tú eres uno de los lectores que cree ser un tapete, ¡necesitas hacer algo! Un problema importante para ti puede ser la falta de confianza para discutir y defenderte. Leer este libro es un buen comienzo.

"Los hombres no son prisioneros del destino sino solo prisioneros de su propia mente." **Franklin D. Roosevelt**

¿En verdad eres un tapete?

Si sientes que eres un tapete, piensa con atención si es una evaluación justa. Muchas personas en determinados puestos de trabajo sienten que hacen más que todos los demás, pero al analizar las cifras resulta que no es así. Muchos individuos subestiman todo el trabajo que realizan sus colegas, pero pregúntate con tanta honestidad como te sea posible:

- ¿Trabajas más horas que los demás?
- ¿Eres reconocido por tu trabajo?
- ¿Los demás parecen llevarse el crédito por tu trabajo?
- ¿Terminas por realizar las tareas que nadie más quiere hacer?

No asumas que siempre abusan de ti. Intenta realizar una evaluación justa. Cada una de las preguntas que formulé también aplica a las relaciones domésticas, con las que un miembro de la pareja siente que hace más que el otro en un área en particular. A menudo no nos damos cuenta de todo lo que hace la otra persona. Una buena manera de juzgar la equidad del trabajo en una relación personal es si ambos tienen la misma cantidad de tiempo "libre".

Los tapetes son personas adorables

Si tú eres un tapete, es probable que seas una buena persona. Esto casi siempre indica que eres un individuo gentil y sensible a quien le agrada ayudar a los demás. Hay muchas cosas positivas en cuanto a ser un tapete. Por lo tanto, no te decepciones por completo de ti mismo. Sin embargo, cuando surgen los problemas, en tu entusiasmo por ser útil a los demás, no te cuidas ni cuidas a los tuyos. En el escenario inicial, Poppy estaba dispuesta a ayudar a Zhu, ¿pero acaso pensó en su esposo? ¿O, de hecho, se dio cuenta de que se privaba a ella misma de una velada divertida?

Qué hacer si eres un tapete

Aprende a decir que no

Elton John dice que "lo siento" son las palabras más difíciles. Tal vez lo sean, pero "no" ocupa un cercano segundo lugar. Confieso que solía resultarme difícil decir que no. Recuerdo que, hace muchos años, me sorprendí cuando me invitaron a una fiesta a la que en verdad no quería asistir y un amigo me dijo: "puedes decir que no". Soy honesto al decir que en mi mente no estaba presente que esa era una opción. Tal parece que muchas personas no se han percatado de que "no" es una opción. Vamos, intenta decir que no. ¡Puede ser divertido!

Aprende a decir que no

Si alguien te pide que hagas algo que no quieres hacer, sé honesto. Explica por qué no puedes pronunciar un entusiasta "sí":

> **Ejemplo útil**
>
> "Debo admitir que me siento saturado por completo en este momento. Tengo esta asignación con fecha límite para la próxima semana y ayudo a Steven a elaborar su reporte, que debemos entregar este fin de semana. No tengo tiempo para dedicarme a ningún proyecto nuevo."

En ocasiones, la mejor manera de decir que no es ofrecerle una alternativa a la otra persona. Si tu jefe te pide que aceptes realizar una nueva tarea, explícale que puedes hacerla pero que no tendrás tiempo para dedicarte a un proyecto distinto. Pregúntale en cuál tarea prefiere que te enfoques. Esto también puede funcionar en situaciones familiares:

> **Ejemplo útil**
>
> "Cariño, claro que puedo redactar esa carta por ti, pero eso significará que no tendré tiempo para preparar la cena esta noche. ¿Puedes encargarte de organizarla? Entonces podré escribir la carta."

Ser honesto significa dejar claro que no eres perezoso y que no buscas eludir responsabilidades. Por el contrario, el mensaje que transmites es que estás comprometido por completo.

Pregúntate si la persona que te solicita realizar esa tarea actúa de forma respetuosa. Si no es así, no hay razón alguna para que sientas que debes responder que sí. Tal vez esa persona necesite aprender que en las relaciones debemos dar y tomar. En el ambiente laboral, la gente debe aprender a respetar a sus compañeros. Si no te respetan, quizá no les ayudes mucho al hacer lo que te piden.

Aprende a alejarte

No existe motivo alguno por el que alguien deba insultarte o burlarse de ti. Eso es inaceptable y no debes tolerarlo. Si descubres que eso es lo que sucede en tu trabajo, debes quejarte con la dirección al respecto. Si el problema es con tu jefe, entonces aléjate cuando lo haga. Pídele con toda educación que no te hable de esa manera. Si no recibes una respuesta, quizá necesites marcharte de allí. Si ese es el caso, tal vez valga la pena que solicites asesoría legal acerca de si tienes derecho a alguna compensación.

Establece prioridades

Recuerda que el problema de ser un tapete es que eres demasiado amable. Tú quieres ayudar a todo el mundo, pero debes ser honesto contigo mismo y darte cuenta de que no puedes hacerlo. No debes sentirte culpable por decir que no. Es probable que enfrentes muchos compromisos y llamadas dentro de tu horario. No puedes satisfacerlos a todos. Intenta ver tu "no" bajo una luz positiva. Por ejemplo: "he dicho que no para asegurarme de contar con tiempo suficiente para convivir con mis hijos". Si el hecho de decir que no significó que un trabajo no se realizara, ese es problema de la empresa, no tuyo.

En ocasiones los tapetes sienten que es egoísta negarse a ayudar a otros solo porque desean hacer algo que disfrutan. Es un buen punto, pero recuerda que, si te sientes pisoteado, desalentado y exhausto, no serás capaz de ayudar a nadie. Todos necesitamos tiempo para nosotros mismos, aunque solo sea para recargar baterías y estar en posibilidad de ayudar otra vez a los demás.

Aquí es importante distinguir entre los deseos y las necesidades reales de las demás personas. Una persona puede *desear* que hagas algo, pero eso no significa que lo *necesite*. Dado que eres una persona amable, es probable que quieras satisfacer sus necesidades lo mejor que puedas; sin embargo, no confundas lo anterior con satisfacer sus deseos. Una persona puede *desear* una cena *gourmet*, pero lo que en realidad *necesita* solo es comida. Tu jefe puede *desear* que tú trabajes 12 horas diarias, pero la empresa solo *necesita* ocho.

Evasión: ventajas y desventajas

La tentación podría ser evitar situaciones o personas que te parecen amenazantes. En ocasiones esto es justificable y en otras no lo es. ¿Existen algunas áreas de tu vida en las que te sientes más en control y otras en las que te percibes como un tapete? Considera con toda atención por qué lo consideras así.

¿Por qué no ofrecerte a hacer tareas adicionales si tienes la capacidad para ello? Esto creará una buena impresión y entonces te resultará más fácil decir que no. Cuando ofreces ayuda adicional, también puedes elegir el tipo de tareas que te agrade realizar.

Una encuesta reciente declaró que un buen pleito con tu jefe puede ser muy benéfico para tu corazón. Los hombres que no se quejan de un trato injusto duplican sus riesgos de sufrir un ataque cardiaco. Ese estudio tuvo problemas, pero sí indica los riesgos de reprimir los sentimientos de frustración. Si crees que recibes un trato inadecuado en tu trabajo, lo mejor es hacer algo al respecto.

Protégete

Otro peligro para los tapetes es que tienden a ser especialmente gentiles con las personas que son groseras con ellos. Tienen la esperanza de que, al ser extra amables y útiles, pueden ganarse la simpatía de las personas fastidiosas. Este puede ser un fenómeno particularmente destructivo en relaciones en las que una persona hace todo lo que puede para ser amable con la otra, con la única finalidad de asegurarse de mantenerla complacida. Lo irónico es que en ocasiones parece que, mientras más amable sea el *tapete*, más antipática se vuelve la otra persona. Esta situación provoca que el tapete se desespere aún más por complacer. Un ciclo de este tipo es muy dañino. Las amistades, las parejas y los matrimonios deben basarse en la igualdad y en la justicia. Si tu relación no es así, necesita cambiar. Tus puntos de vista y tus deseos deben ser tan importantes como los de la otra persona.

Cuando sientas que ya no tienes opción en una relación o en el trabajo, o que has perdido el poder de decir que no, debes actuar.

Problemas mayores

Si ya concluiste que eres un tapete, vale la pena reflexionar por qué lo eres. ¿Estás desesperado por complacer a la gente? ¿Otorgas demasiado peso a las opiniones de los demás sobre ti y no tienes una opinión lo bastante positiva sobre ti mismo? ¿Te gusta que los demás te consideren "un santo" que siempre brinda su ayuda? Recuerda que lo que pienses sobre ti mismo puede reflejarse en el trato que los demás te dispensan. Si tú te consideras débil o inútil, los demás también pueden mirarte de esa manera. Por el contrario, si tú te consideras fuerte e independiente, los demás te respetarán y no te "usarán". Elige amistades que te hagan sentir bien contigo mismo y que eleven tu autoestima.

Correcto

Zhu: Poppy, ¿te importaría quedarte un poco más de tiempo esta noche para terminar el proyecto?

Poppy: Lo lamento, Zhu. Me temo que no puedo hacerlo. Sin embargo, podría terminar el proyecto a primera hora de mañana.

Zhu: Oh, Poppy, en verdad te apreciamos y sería muy útil si pudieras hacerlo esta noche.

> Poppy: Gracias, ¡pero espero que no te moleste que te diga que la empresa no parece apreciarme lo suficiente como para pagarme las horas adicionales!
>
> Zhu: Ah, es verdad, pero sería muy amable de tu parte que lograras quedarte para terminar el proyecto. ¿Estás segura de que no puedes?
>
> Poppy: No, Zhu, no puedo. Como te dije, será un placer ponerlo hasta arriba en mi pila de pendientes para mañana temprano. Tengo planes que no puedo cambiar.
>
> Zhu: De acuerdo. Tendremos que hacerlo así. Nos vemos mañana.

Resumen

Si eres un tapete, no te subestimes demasiado por eso: refleja el hecho de que eres una persona amable, pero puede no ser tan benéfico para ti y tus amigos a largo plazo. Necesitas priorizar a quién puedes ayudar y asegurarte de que no abusen de ti. Necesitas empezar a decir que no. Encontrarás muchos consejos en este capítulo sobre cómo hacerlo.

En la práctica

Sé honesto con la gente cuando te sientas abrumado. No pienses que estás obligado a decir que sí. Asegúrate de contar con tiempo para ti mismo. Entonces serás más capaz de ayudar a otras personas.

Cómo ser un buen ganador

"De acuerdo. Tienes toda la razón. Ahora me doy cuenta de lo equivocado que estaba." Para algunos discutidores, escuchar que su oponente dice esto es el Santo Grial. Quizá sientan que el objetivo de una discusión debe ser la derrota total del adversario y una servil aceptación de su brillantez. Sin embargo, es raro que esto sea real o incluso deseable. Ya hemos hablado acerca de cómo perder con gracia pero de forma positiva en la Regla de Oro 10. Sin embargo, también es importante saber cómo ser un buen ganador.

Incorrecto

Viv: Si analizas las evidencias, te darás cuenta de que tengo razón.

Tom: Bueno, puedo ver qué es lo que quieres decir.

Viv: Vamos, Tom, ahora debes aceptar que tengo razón.

Tom: Bueno, supongo que sí.

Viv: Quiero escucharte decir: "tienes razón, Viv".

Tom: Viv, tú siempre tienes razón.

Viv: En serio, Tom, ahora debes ver que tengo razón.

Tom: Oh, está bien. "Tienes razón, Viv".

Recuerda la Regla de Oro 10: por lo regular la relación vale más que la discusión. Puedes ganar la discusión pero perder la guerra. Si la persona con quien discutes termina por sentirse humillada o avergonzada, es poco probable que esté dispuesta a verte otra vez o a hacer negocios contigo en otra oportunidad. Solicitar disculpas abyectas rara vez es apropiado, si es que alguna vez lo es.

Concede una salida

Si ya es evidente que estás por ganar la discusión, quizá lo más recomendable sea conceder una salida a la persona con quien hablas. No la obligues a ceder a tu argumento:

> **Ejemplos útiles**
>
> "En verdad disfruté esta discusión. ¿Quieres que te envíe un vínculo al artículo que te comenté para que puedas leerlo?"
>
> "Es un tema complicado y a menudo me quedo despierto por las noches pensando en ello. Pero tal vez podamos estar de acuerdo en que..."

Busca acuerdos

Intenta cerrar una discusión con una referencia al acuerdo al que ambos han llegado. La realidad puede ser que tu punto de vista sea el ganador o que la otra persona haya aceptado tus términos, pero hablar acerca de acuerdos establece lazos entre ambos. La otra persona puede quedarse con una mejor sensación hacia la discusión si siente que es el resultado de un proceso mutuo.

> **Ejemplos útiles**
>
> "Me complace que hayamos descubierto que podemos estar de acuerdo."
>
> "La decisión que tomamos hoy es muy útil. Gracias por tu tiempo para discutirla."

Involucra al perdedor

Si hay desacuerdos dentro de una familia o en un contexto de negocios, intenta involucrar a los "perdedores" de manera positiva.

> **Ejemplos útiles**
>
> "Bueno, Lucy, hemos decidido ir a Alton Towers, que sé que no era tu primera opción; pero ¿podemos acordar que tú elijas el lugar donde nos detendremos a cenar de camino a casa?"
>
> "Tom, sé que este plan no era tu opción ideal pero ¿puedes aceptar la tarea de supervisar el aspecto mercadotécnico del proyecto?"

Regodearte ante el perdedor no te llevará a ninguna parte

Después de ganar una discusión, la tentación es regodearte ante la otra persona, pero eso no te llevará a ninguna parte. Jactarte de lo inteligente que eres y de lo tonto que es tu adversario puede hacerte sentir bien en ese momento, ¡pero pronto estarás muy solo!

"¡Sabía que yo tenía la razón y que tú estabas equivocado!"
"Me complace mucho que vayamos a hacerlo a mi manera, es mucho mejor."

Obtener una victoria unilateral puede no ser lo mejor

En algunas situaciones es posible discutir demasiado bien. En especial en el contexto de los negocios, quizá no sea inteligente terminar con un acuerdo que sea completamente a tu favor. Si el acuerdo deja a la otra parte en una mala posición, es poco probable que desee volver a hacer negocios contigo. O, en un contexto personal, si discutes con tu pareja cómo distribuirse las tareas domésticas y al final acuerdan que ella hará todo y que tú no harás nada, vivirás para lamentarlo. El acuerdo al final de una discusión necesita ser razonable para ambas partes. Debe ofrecerles algo benéfico para todos.

Como conclusión, tienes que ganar una discusión con elegancia. Te he dado las herramientas para ganar; ahora depende de ti abordarla de forma decente y noble. Sin embargo, recuerda mantener todas las discusiones en contexto. Elige y selecciona las que valgan la pena y aléjate de las demás. Equilibra entre ganar una discusión y perder una relación. Disfruta las discusiones saludables, pero evita las destructivas. Mantén el sentido del humor. Usa las discusiones de manera positiva. Son una herramienta grandiosa cuando se emplean de forma apropiada.

> **Correcto**
>
> Viv: Tom, esta ha sido una discusión muy útil. ¿Crees que ahora puedas apoyar mi propuesta?
>
> Tom: Bueno, puedo ver que tiene numerosos méritos.
>
> Viv: Estoy de acuerdo en que no es un problema sencillo. Todas las preocupaciones que has expresado me parecen válidas. Solo creo que las ganancias potenciales superan los riesgos.
>
> Tom: Creo que ahora puedo apoyar tu propuesta.
>
> Viv: Eso es excelente. En realidad me preguntaba si estarías dispuesto a formar parte del comité que la supervisará.

Resumen

Gana bien. Sé generoso en la victoria e intenta seguir adelante en tu relación con la persona con quien has discutido. Enfatiza los puntos positivos de tu oponente en la discusión. Si ganas una discusión, asegúrate de que la otra persona no termine amargada, infeliz o humillada.

En la práctica

Si ganas una discusión, apresúrate a motivar y a alabar a la otra persona. Evita cualquier petulancia por tu triunfo. Invita a la otra persona a unirse a ti en un proyecto.

Capítulo 20

20

Para recapitular

Ahora ya estás bien equipado para lograr el éxito en las discusiones. Finalicemos con una recapitulación de nuestras Diez Reglas de Oro:

1. **Prepárate.** Asegúrate de conocer los puntos clave que deseas expresar. Investiga los hechos que requieres para convencer a tu oponente.
2. **Cuándo discutir, cuándo alejarte.** Piensa con cuidado antes de iniciar una discusión: ¿es el momento; es el lugar?
3. **Lo que dices y cómo lo dices.** Invierte tiempo en reflexionar acerca de cómo presentar tu argumento. El lenguaje corporal, la elección de palabras y la manera de hablar influyen en la transmisión de tu argumento.
4. **Escucha y vuelve a escuchar.** Escucha con atención lo que la otra persona te dice. Observa su lenguaje corporal; escucha los significados detrás de sus palabras.
5. **Domina el arte de responder a argumentos.** Piensa con cuidado acerca de los argumentos que la otra persona escuchará. ¿Cuáles son sus preconcepciones? ¿Qué tipo de argumentos le resultan convincentes?
6. **Ten cuidado con los trucos astutos.** Los argumentos no siempre son tan buenos como podrían parecerte al principio. Sé cauteloso cuando tu adversario utilice estadísticas. Mantente alerta a las técnicas de distracción, como los ataques personales y la información irrelevante. Ponte en guardia ante las preguntas ocultas y las elecciones falsas.
7. **Desarrolla habilidades para discutir en público.** Asegúrate de que tu argumentación sea sencilla y clara. Sé breve y no te precipites.
8. **Sé capaz de discutir por escrito.** Siempre prefiere la claridad sobre la pomposidad. Sé claro, penetrante y conciso. Además, emplea un lenguaje que pueda ser comprendido con facilidad.
9. **Sé grandioso para resolver puntos muertos.** Sé creativo para encontrar vías de salida para una discusión que no va a ningún sitio. ¿Es momento de mirar el problema desde una perspectiva distinta?

¿Hay maneras de ejercer presión para que la otra persona se vea obligada a estar de acuerdo contigo? ¿Es posible lograr un compromiso?
10. **Conserva las relaciones**. Esto es absolutamente fundamental. ¿Qué es lo que deseas obtener de esta discusión? Humillar, avergonzar o agraviar a tu oponente puede hacerte sentir bien en ese momento, pero después quizá dispongas de muchos días solitarios para arrepentirte de tu error. Encuentra un resultado que funcione para ambas partes. Necesitan dejar atrás el conflicto y avanzar en su relación. ¡Así tendrán la oportunidad de volver a discutir en otro momento!

www.ingramcontent.com/pod-product-compliance
Lightning Source LLC
Chambersburg PA
CBHW060822050426

42453CB00008B/547